Les secrets de santé d'une sorcière 2.0

Elisabeth COUFFIGNAL

Les secrets de santé d'une sorcière 2.0

FSC
www.fsc.org
MIXTE
Papier issu de sources responsables
Paper from responsible sources
FSC® C105338

Édition : BoD – Books on Demand
12/14 rond-point des Champs-Élysées, 75008 Paris
Impression : Books on Demand GmbH, Norderstedt, Allemagne
ISBN : 978-2-3224-1534-2
Dépôt légal : juillet 2021

Pour Sibylle et Guillaume
Valentine, Ariane et Ève

INTRODUCTION

C'est parce qu'elles possédaient les secrets des simples, et qu'elles connaissaient les mystères de la Nature, que les sorcières furent pourchassées, moquées et brulées parfois. Elles faisaient peur. Des femmes indépendantes, libres, puissantes, qui intriguaient. Dans un monde patriarcal, n'était-ce pas la transgression ultime ?

A la Renaissance, une caste de médecins s'imposa peu à peu. L'université était alors interdite aux femmes. Les médecins soignaient leurs semblables avec force clystères, sangsues et autres saignées. Trop cher pour les paysans, représentant alors la majorité des français, qui préféraient se tourner vers ces femmes.

Les sorcières, ou femmes sages, ou encore sages-femmes, vivaient avec le peuple et, depuis toujours, soulageaient et guérissaient. Des siècles d'expérimentation, d'utilisation de plantes notamment, leur permettaient une grande efficacité, toujours louée par les usagers. Le grand médecin suisse Paracelse (1493-1541) reconnait avoir tout appris d'elles.

Elles avaient accès à la magie, entendez « l'âme agit »...qui ne fonctionne que lorsque l'on dépasse nos peurs, nos cadres, nos institutions, quand l'on sort de notre zone de confort, pour enfin tutoyer l'absolu.

Elle accompagnaient les naissances, aidaient les futures mères, et prodiguaient les premiers soins aux bébés. Lors du grand passage, elles assistaient les familles. Elles savaient que ces passages sont juste des étapes de la vie... Ici ou là.

Lorsque ces messieurs de l'Université comprirent la force, le niveau de connaissances de ces femmes, ils sentirent leur savoir menacé et furent les plus grands pourfendeurs de ces pratiques. Pratiques qu'ils ne connaissaient guère. Sauf quelques-uns qui pratiquaient cette médecine des simples, fondée sur une observation minutieuse des réactions des êtres, tous si différents.

A cette époque, l'université de médecine dispensait essentiellement des cours de philosophie, de théologie et un peu d'anatomie.

Pourtant, les sorcières, revendiquées ou pas, existent toujours. Elles continuent à utiliser des plantes, sous toutes leurs formes, et obtiennent de jolis succès. Elles guérissent souvent, car soigner n'est pas guérir.

Elles désirent juste aider les autres humains à vivre en bonne santé… et ont compris depuis longtemps la force, l'énergie qu'elles reçoivent en soignant leurs semblables. Dans les cas graves, d'urgence, la médecine moderne est indispensable et progresse… Rien ne sert d'opposer ces deux approches qui sont complémentaires. La sorcière se définit surtout par son lien à la nature, au cosmos. Elle sait qu'elle est une partie de ce tout. Ce que confirme la physique quantique. Nous sommes tous reliés à notre environnement et aux autres.

Pourquoi parler de sorcières 2.0 ? Nous vivons au XXIe siècle et les Sorcières évoluent, étudient, voyagent. Leurs intuitions sont largement validées par les recherches scientifiques : homéopathie, phytothérapie, approche holistique du patient. Elles suivent, avec attention, des chercheurs (découvreurs) qui ont osé prendre des chemins de traverse pour nous permettre de conserver une santé juste et parfaite. Des êtres exceptionnels, parfois honorés de prix Nobel, qui n'ont pas toujours été reconnus à leur juste valeur. Leurs découvertes devraient être intégrées dans les protocoles de guérison. Essayons de les rencontrer dans cet opus pour inspirer notre vie quotidienne et profiter de leurs recherches pour être en bonne santé : de Martin du Thiel à Hulda Clark, en passant par André Gernez ou René Quinton, Georges Lakhovsky, Geerd Rike Hamer ou encore Max Gerson…

L'état de santé de l'humanité actuelle n'est guère rassurant.

Les chiffres sont accablants. Depuis 2006, la courbe de l'espérance de vie en bonne santé s'est retournée. Elle n'augmente plus. Certes, les statistiques sont implacables, mais elles orientent la réflexion. Est-ce vraiment un progrès que de vivre diminué ?

Les recherches sur le transhumanisme, l'intelligence artificielle peuvent ouvrir des perspectives, à condition de ne pas y perdre notre âme.

Il est si facile de vivre sans maux sérieux, avec une bonne dose de bon sens, et un peu de courage. La vie devient alors plus agréable. Un auteur soulignait que « les neuf dixièmes de notre bonheur reposent sur la santé ; avec elle, tout devient source de plaisir ».

Remarquons aussi la courbe de l'augmentation des maladies dites de civilisation[1], qui est absolument parallèle à celle de l'industrialisation du pays. Les excès économiques impactent immédiatement notre santé (alimentation industrielle, pollutions, stress).

En 2012, l'OMS place les cardiopathies ischémiques (insuffisances coronariennes) comme première cause de décès dans le monde. Suivent les infections des voies respiratoires basses, les accidents vasculaires cérébraux, en 6e position le VIH/SIDA, en 14e, les cancers de la trachée, des bronches et des poumons et en 15e position le diabète. Là, c'est une épidémie silencieuse. Les projections de l'OMS en font la 7e cause de décès en 2030. En 2019, on dénombre 463 millions de diabétiques dans le monde : soit 1 adulte sur 11, mais beaucoup ne sont pas diagnostiqués.

Le cancer est la deuxième cause de mortalité dans les pays occidentaux.

Les budgets santé des états sont colossaux, mais n'endiguent pas les courbes ascendantes de toutes ces maladies. Cela devient un problème grave car les budgets hospitaliers baissent. Or l'hôpital est indispensable à une politique de santé digne de ce nom. Il est d'abord conçu pour soigner les maladies aiguës, les accidents. Or, son budget est plombé par les maladies chroniques, Quant aux services d'urgence, devenus une sorte de libre-service de gestion des maux, plus ou moins urgents, ils ne peuvent endiguer ce flot continu.

1 Diabète, asthme, maladies cardio-vasculaires, cancer, dépressions, obésité, maladies auto immunes, etc.

En revanche, le chiffre d'affaire de l'industrie pharmaceutique croît gentiment. En 2017, il frôle 1144 milliards de dollars, alors que celui de l'industrie aéronautique civile et militaire atteint 800 milliards de dollars …

Existe-t-il un budget santé en équilibre dans le monde ? Le Bhoutan ?

Que désirons nous réellement ? Puisque personne n'est prêt à payer plus d'impôts, et que le gouffre de la Sécurité Sociale oscille vers les abysses, nous pourrions développer davantage la prévention. Dès l'école primaire, nous devrions enseigner aux enfants les bases d'une vie saine. Ils éduqueraient leurs parents.

Ce serait plus malin que de multiplier les dépistages qui posent souvent des surdiagnostics encore plus couteux pour la société.

Pourquoi ne pas s'inspirer de méthodes qui ont fait leurs preuves et relèvent du bon sens ? C'est peut-être l'apport principal de ces secrets de sorcières.

Chacun s'intéressera à ce qui entre en résonance avec ses réflexions. Nous sommes tous si différents par notre histoire génétique, notre environnement et surtout notre mental.

Il y a deux sortes de personnes. Celles qui s'en remettent à l'institution médicale, les plus nombreuses, et celles qui commencent à réfléchir, à se documenter, à croiser les informations. Celles-ci s'en sortiront mieux car leur démarche est active. Elles sont le sujet de leur maladie. Rien n'est plus néfaste que de s'approprier son mal : Mon cancer, Ma sclérose en plaques, Mon diabète. Toute leur vie tourne autour de ce mal, que l'on apprivoise, que l'on nourrit. Hier, j'allais parfaitement bien, juste un peu fatiguée et l'on m'annonce que j'ai un cancer. Catastrophe, bien sûr, et baisse tragique de mon immunité. Et si je m'interrogeais sur les causes profondes ? C'est Geerd Rike Hamer (1935-2017), célèbre et sulfureux oncologue allemand, qui nomme cela « conflit biologique non résolu ». Nous y reviendrons plus loin.

L'on pourrait définir l'état de bonne santé comme une harmonie entre l'esprit, le corps et l'environnement. Ce que les sorcières ont toujours affirmé. De plus en plus de thérapeutes pointent l'importance de ce lien corps-esprit, et prennent en compte l'environnement psychologique du patient. Le facteur environnement est également important.C'est l'épigénétique[2]: le bisphénol A, les perturbateurs endocriniens, le tabac, etc.

Mon propos a pour but de vous sensibiliser à votre responsabilité dans la gestion de votre santé. Je vous donne des clefs que j'ai testées, ou fait tester par des proches. C'est finalement assez simple, surtout si l'on y accorde de l'attention et du temps. C'est un peu plus contraignant que d'avaler une pilule quelconque pour chaque maladie.

Si vous êtes déjà malade, vous pourrez aussi orienter votre médecin vers d'autres stratégies thérapeutiques, inconnues dans son cursus.

C'est aussi la découverte d'un continent passionnant dont la fréquentation peut vous permettre de vivre mieux. Que chacun gère au mieux sa santé et en conscience.

Tout d'abord, nous essaierons de comprendre l'importance de la pensée sur notre santé.

Puis nous balaierons les possibilités offertes par mère Nature pour vivre en harmonie avec elle : règle numéro un de toute sorcière digne de ce nom.

Enfin, nous essaierons de développer quelques pistes plus originales, validées par des chercheurs géniaux.

La meilleure médecine prend en compte notre diversité génétique, environnementale pour adapter la thérapie : médecines ayurvédique, chinoise, homéopathique et anthroposophique.

Je souhaite ardemment que chacun rencontre une méthode, une voie qui l'inspire pour vivre mieux.

---

2 Processus moléculaires permettant de moduler l'expression des gènes, mais qui ne sont pas fondés sur des changements dans la séquence ADN ; les causes épigénétiques sont dynamiques et réversibles, cette instabilité est sous l'influence de l'environnement mais aussi du temps et du vieillissement

Ire PARTIE

1. LA BONNE SANTÉ COMMENCE DANS LA TÊTE

J'ai décidé d'être heureux parce que c'est bon pour ma santé.

Voltaire

La bonne santé commence dans la tête. En effet, c'est la façon d'appréhender la vie qui conditionne notre santé. Regardez autour de vous. Certaines personnes passent leur temps à se plaindre, et de fait, à raison. D'autres, en revanche, voient le verre à moitié plein que la vie nous offre et s'en réjouissent. Ceux-là maintiennent leur immunité à un bon niveau et s'évitent nombre de pathologies.

C'est le docteur Rike Geerd Hamer qui a le mieux expliqué l'importance du facteur psychologique dans la survenue du cancer. Tous, nous traversons des épreuves que nous gérons plus ou moins bien. Mais RG Hamer parle là d'une loi d'airain : 100 % DES CANCERS ONT UNE ORIGINE PSYCHOLOGIQUE.

Cela ne veut pas dire que nous aurons un cancer à cause d'un chômage, d'un divorce, d'un deuil, de sur-stress, de conflit de dévalorisation. Mais c'est notre aptitude à digérer ce choc qui fait la différence. Depuis, il est largement admis que la plupart des pathologies ont une origine psychosomatique.

Le docteur Hamer (1935-2017) soutient sa thèse de doctorat de médecine à Tübingen (Allemagne) en 1963 et devient oncologue. En 1978, en vacances sur l'Ile de Cavallo, au large de la Corse, son fils aîné Dirck reçoit une décharge de mitraillette sur la cuisse, d'un homme éméché, depuis le bateau voisin. L'affaire a fait grand bruit à l'époque puisqu'il s'agissait du Prince Victor Emmanuel de Savoie. Quelques 19 opérations plus tard, le jeune Dirck décède dans les bras de son père, impuissant à le sauver. Trois mois plus tard, Ryke Geerd Hamer se découvre un cancer des testicules et son épouse un cancer des ovaires. Curieux. Existerait-il un lien entre la perte d'un enfant et le cancer des organes reproducteurs ? Immédiatement, le docteur Hamer reprend les dossiers de ses patients. Il les convoque et les fait parler des chocs de la vie survenus avant le déclenchement du cancer.[3]

Il établit alors un tableau des correspondances du cancer.

3 De 1979 à 1981, il examine 6500 dossiers : pour 100 % des patients, il y a bien eu un choc (divorce, perte d'emploi, perte d'un être cher, blocage, dévalorisation, sur-stress...)

Tencur du choc	Localisation du cancer	Foyer dans le cerveau
problème de nid (relation mère enfant) femme droitière	sein gauche	cervelet droit latéral
problème avec partenaire ou associé	sein droit	cervelet gauche latéral
problème sexuel de frustration	col de l'utérus	cervelet gauche
perte brutale	ovaires, testicules	partie occipitale du cerveau
choc par association avec un liquide: eau, neige, verglas	rein	de part et d'autre de la scissure inter hémisphérique entre les cornes postérieures
problème sexuel, en relation avec les enfants ou assimilés	utérus, prostate	tronc cérébral
grave choc de dévalorisation	os	moelle du cerveau
contrariété territoriale avec la famille	estomac	partie latérale du cervelet droit et aire dorsoinsulaire de l'hémisphère droit
Angoisse ou peur mortelle pour soi ou pour un autre	poumon	tout le cortex

Il lui suffit d'un examen minutieux du cerveau au scanner pour lui permettre de déterminer avec certitude l'organe touché : méthode non invasive qui semble prometteuse.

En octobre 1981, à l'issue de ses recherches, il rédige une thèse de post doctorat qui lui apporterait la qualification de professeur d'université de Tübingen et la possibilité de diriger des thèses. Il a réellement envie de faire reconnaître sa nouvelle médecine. Hélas, ses collègues lui refusent l'examen de sa thèse, qu'ils enterrent.

Reprenons l'esprit de cette nouvelle médecine germanique. Selon le docteur Hamer, un choc conflictuel, dramatique, vécu dans l'isolement et sans solution, perturbe le fonctionnement du cerveau et la sphère du cerveau touchée cancérise.

Certes, tout choc, même violent, ne donne pas de cancer. C'est avant tout un choc non résolu, non digéré. C'est en fait, notre attitude face à la vie qui serait en cause.

Hamer n'est pas le premier à constater le lien ténu qui existe entre un problème psychologique et une maladie. Avant lui, le docteur Michel Moirot avait démontré que « l'on ne tombe pas malade sans raison, ou simplement parce qu'un microbe ou un polluant nous agresse ».

Mais revenons à Hamer qui nomme « loi d'airain » la découverte d'un lien entre le choc et la survenue du cancer, vérifié à 100 % par lui et ses équipes.

Ce choc conflictuel et dramatique est baptisé DHS, ou Dirk Hamer Syndrome, du prénom de son fils Dirk, puisque c'est à cause de sa mort qu'il a pris conscience de ce lien. Pendant les deux ans de son travail de recherche, il s'est dit inspiré par son fils décédé. Pourquoi pas ? Mais ses collègues ont plutôt cherché à l'orienter… en asile psychiatrique. Cela commençait mal pour lui. La nouveauté dérange.

Cette loi d'airain des relations psycho-cérébro-organiques nous enseigne que lorsqu'on a du mal à mettre des mots sur nos maux, « le mal à dire », nous avons du mal à résoudre ces conflits par la raison. C'est pour cela qu' Hamer les nomme conflits biologiques, qui affecteraient également les plantes, les animaux.

Il insiste sur le fait que c'est la façon subjective dont le patient ressent le choc initial qui est en cause. Le cerveau, où se produit instantanément une rupture de champs dans une aire spécifique correspondant à la nature du conflit, rend cette lésion visible au scanner. Son nom : « foyer de Hamer ». L'organe, ou le tissu en relation avec cette zone cérébrale, peut entamer spontanément un processus de cancérisation.

C'est un exemple extrême, le cancer, qui en dit long sur l'importance de la pensée dans nos maux (mots) quotidiens. De même que regarder la télévision en moyenne 4 heures par jour en occident nous confronte à des nouvelles souvent dramatiques et fait ainsi chuter notre immunité. Les chaînes d'infos en continu sont une catastrophe pour le système immunitaire. Sortons le plus possible, aérons-nous et admirons les fleurs, les arbres, la nature à travers les saisons et les variations du soleil. Une vie de sorcière, en somme, qui a troqué son balai pour un vélo.

Plusieurs méthodes nous aident à développer ces pensées positives, et se développent à vitesse grand v. Elles sont largement issues de la fameuse méthode du docteur en pharmacie, Emile Coué (1852-1926). Il accompagnait toujours la vente de ses médicaments en assurant à ses clients une guérison rapide. De fait, il devint très célèbre.

Cette approche pragmatique et empathique fût négligée et parfois moquée. Pourtant, ce docteur Coué avait raison, car l'on sait que les optimistes vivent plus longtemps et en meilleure santé. La méthode Coué préconise la maîtrise de soi par l'autosuggestion consciente. Il avait essayé l'hypnose mais très vite, constata des résultats identiques sans y faire appel.

Il faut stimuler notre imagination (notre inconscient), notre pensée créatrice, mais dans le lâcher prise. Cela ne doit pas demander d'efforts, juste de la constance. Il préconisait de répéter deux fois par jour, au réveil et à l'endormissement, cette phrase : « tous les jours, à tous points de vue, je vais de mieux en mieux ». Formule simple et positive. L'inconscient préside à l'accomplissement de toutes nos actions, quelqu'elles soient. En outre, il précise que c'est toujours l'imagination qui l'emporte sur la volonté, sans exception. Il faut donc développer l'autosuggestion qui est l'implantation d'une idée en soi même, par soi-même. Si l'on se persuade qu'une chose est possible, même difficile, on la fait. Ainsi, lorsqu'un thérapeute persuade le patient que sa souffrance disparaît, elle disparaît.

Emile Coué avait rêvé d'inscrire au programme des écoles de médecine, l'étude théorique et pratique de la suggestion. L'on sait bien que les hypocondriaques[4] sont les champions de l'autosuggestion négative.

Georgia Knapp (1866-1946) fût l'assistant et l'ami d'Emile Coué et développa une méthode incroyable de rajeunissement en proposant de se libérer de l'autosuggestion négative liée au vieillissement. En rajeunissant l'esprit, on rajeunit le corps. Il s'appliqua son programme de rajeunissement et constata que sa mémoire s'améliorait. La force de la volonté et celle de son mental étaient liées, et l'exercice favorisait l'irrigation et l'oxygénation du cerveau.

L'autosuggestion permettrait, selon lui, de syntoniser une longueur d'onde positive et guérissante grâce au cerveau qui agit exactement comme un poste de radio.

Comme Emile Coué, il pensait qu'en dirigeant notre inconscient, plus fort que notre conscient, nous pouvions faire ce que nous voulions.

Tout cela nous amène au fameux effet placebo. Si l'esprit influence le corps, alors une simple pilule sucrée proposée comme puissant anxiolytique, par exemple, calmera immédiatement le patient. Je me souviens d'une grand-mère qui consommait un nombre incroyable de pilules diverses et variées. C'était il y a longtemps, et sa belle-fille consciente du trop, échangea certaines de ces pilules contre des

4 Maladie psychosomatique se traduisant par la peur, l'obsession d'être malade

smarties. Il n'y eut aucun problème. L'inverse est vrai aussi avec l'effet nocébo, qui peut se comprendre comme une substance qui nous lèse dans nos attentes.

Une étude très sérieuse, publiée il y a quelques années, comparait différentes thérapies choisies par des cancéreux, d'à peu près le même âge, atteints de cancers sensiblement équivalents. Chacun choisissait sa thérapie. La chimiothérapie, l'homéopathie, la phytothérapie, etc. Après quelque temps, les résultats obtenus furent sensiblement les mêmes, quelque fût la thérapie utilisée. Il suffit d'y croire et de s'approprier la thérapie qui nous correspond le mieux. L'adhésion totale du patient est la clef de la guérison.

Si le patient devient l'acteur de sa santé, s'il la prend en main, comme nous y invite depuis des décennies Michel Dogna, alors il est sur le bon chemin. De passif, il devient acteur de ce qui lui est le plus cher : sa santé. Pour cela il faut faire de la pédagogie, en prévention bien sûr, pour que chaque être comprenne les mécanismes de la physiologie et son incidence sur le développement des maladies. A cette aune, le médecin devient un conseiller avec qui le patient discute de la thérapie proposée, dans l'idéal.

Ce qui nous pollue le plus ce sont nos émotions et la peur en particulier. C'est probablement la clef de notre bonne santé. Lisez Bruce Lipton sur la biologie des croyances.[5] il explique très bien l'influence de nos émotions sur notre système immunitaire. De plus en plus de scientifiques s'intéressent à l'impact des émotions et du subconscient à l'origine de la maladie. Comme Emile Coué.

Le physicien Jean-Pierre Garner Malet, tenant de la théorie du double, propose également de diriger nos pensées au mieux, pour faire advenir les évènements les plus agréables, parmi tous les potentiels possibles. L'institut Monroe a développé aussi des techniques d'expan-

5 Bruce Lipton est un biologiste du développement ; pour lui, les gènes et l'ADN peuvent être manipulés par les croyances de la personne

sion de conscience basées sur des sons binauraux[6]. Il a développé des combinaisons de tonalités et de fréquences qui produisent des effets spécifiques chez l'homme.

Ce procédé Hemisync[7], breveté par l'Institut Monroe, permet des expansions de conscience bénéfiques. Elles permettent un meilleur sommeil, une concentration plus longue. Il suffit d'écouter ce son binaural, avec un casque. Un son peut être de 400 Hz sur une oreille et de 406 Hz sur l'autre. Le cerveau s'adapte alors… il ne peut le faire que jusqu'à 50 Hz de différence. Les hémisphères droit et gauche du cerveau produisent alors et de façon synchronisée les mêmes ondes, ou impulsions électriques. Cela permet à l'individu d'accéder à un état beaucoup plus cohérent, centré et unifié… certains rajoutent : productif.

Au fond, nos maux sont souvent la conséquence de notre paresse intellectuelle. C'est tellement difficile de changer nos habitudes. Certes le 1er de l'an nous remplissons des pages virtuelles de bonnes résolutions, que nous abandonnons vite à leur virtualité. C'est dommage car nous savons souvent ce qui nous convient le mieux.

En revanche, il se pourrait que, lorsque nous comprenons les mécanismes basiques de nos maux, nous soyons plus enclins à envisager des changements de vie importants. Si dés l'école primaire, les enfants étaient enseignés de notions physiologiques de base, le développement de la prévention serait effectif.

Prenons l'exemple du diktat des mammographies. Beaucoup de mes amies, médecins et/ou simplement conscientes des dangers que cela entraîne, n'ont pas fait faire de mammographie depuis bien longtemps. Certains pays ne la réservent qu'à des cas très précis : existence d'un gène spécifique, hérédité. Notamment en Australie.

Ce n'est pas un acte anodin.

---

6 Son basé sur une méthode de captation du son adaptée à la morphologie de la tête humaine

7 Hemisync pour Synchronisation des hémisphères

André Gernez[8] (1923-2014) mit en garde très tôt contre les radiographies qui altèrent l'activité des cellules souches. Mais bien sûr, il faut toujours évaluer le bénéfice en regard du risque.

Pour comprendre le rôle de la pensée, de l'esprit dans la guérison, j'ai fait le voyage, il y a quelques années à Abadiana au Brésil. Je voulais comprendre ce que faisait Joâo de Deus, connu comme le plus grand guérisseur au monde.

L'endroit est magnifique et dégage une force tellurique importante car le sous sol recèle du quartz, sur 200 klm carrés, selon les informations locales.

Des individus y convergent du monde entier pour venir y guérir de maux physiques et psychiques. Ils y passent quelques jours et parfois y restent. Un avocat new yorkais, paraplégique après un accident, y a été guéri et a décidé de consacrer sa vie à accueillir les nouveaux venus.

C'est un centre, construit d'après les plans inspirés par Chico Xavier, un des plus grands médiums brésiliens. Tout le monde est vêtu de blanc et peut se présenter devant Joâo avec une liste de trois voeux qu'un interprète lui propose. Joâo donne alors des indications à l'interprète qui nous les restitue. J'ai eu droit à quelques heures de méditation, quelques mois de passiflore et une opération spirituelle. Les personnes passent des heures de méditation dans des salles remplies de cristaux géants. Ce matériau spirituel permet au guérisseur d'intégrer des entités qui aident à la guérison.

Ce qu'il nomme opération spirituelle consiste à rester une heure dans une pièce, les yeux fermés en méditation. Une personne guide la méditation. Puis chacun rentre chez lui assez fatigué pour deux jours et régulièrement on lui apporte une soupe.

8 Médecin radiologue à 21 ans, André Gernez, ce grand scientifique trop peu reconnu, reçut une médaille en 1979 à Salzbourg des mains de Linus Pauling, double prix Nobel de chimie et de la paix, pour ses travaux sur la théorie unifiée du cancer

Mais le plus étrange fût d'assister à une opération physique. J'ai pu filmer un homme debout, sur l'estrade, qui souffrait d'un problème au ventre. Joâo lui a fermé les yeux et, avec un petit couteau lui a incisé le ventre, en a sorti quelque chose et a recousu le tout. Je rappelle que cet homme est resté debout tout le temps et n'a pas bougé un cil. Après l'opération, il a été installé sur un fauteuil roulant pour se reposer à l'infirmerie. Une amie médecin, française, qui faisait le voyage avec moi, a pu tenir le petit plateau sur lequel était le couteau. Elle a tout suivi, aux premières loges, et a refait ce voyage quelques années plus tard. Depuis 2019, il semble que Joâo ait été incarcéré. Le syndrome du gourou.

Il a certainement eu un don, mais le vedettariat l'a perdu.

J'ai également essayé de voir à quoi ressemblait la technique des chirurgiens philippins. Expérience intéressante, mais je n'avais rien à guérir. J'ai vu une partie de la main de ce chirurgien entrer dans le corps d'une amie et en ressortir une matière visqueuse dont il s'est débarrassé immédiatement. Un peu de lymphe perlait mais après un petit moment on ne voyait plus rien.

Qui guérit qui ? Probablement nous-même, dés lors que nous comprenons les pouvoirs extraordinaires de l'auto guérison. Mais pour cela il faut entretenir notre corps en bon état de marche pour que ce système agisse : le nourrir convenablement, éviter de grands stress, le mettre au repos 7/8 heures par nuit.

La guérison nous appartient toujours. Nous sommes un corps énergétique, mais aussi biologique et chimique. Nous sommes en vérité bien plus que notre corps physique. A nous d'agir sur les blocages énergétiques et les transmuter.

Bien sûr, nous pouvons nous faire aider. L'acupuncture, par exemple, semble être une bonne indication pour débloquer l'énergie du corps. Le professeur Nadia Wolf[9] décrit très bien la façon dont l'acupuncture

9 Le miracle de la guérison de Nadia Wolf aux éditions Marabout

permet à notre corps de s'auto-guérir. Mais c'est aussi vrai pour toutes les thérapies énergétiques.

Il semblerait que des êtres peuvent déclencher le processus de guérison chez un de leurs semblables. Cela pourrait être un médecin ou un thérapeute, un coiffeur et bien sûr une sorcière...

Toute personne qui entre en résonance d'une façon subtile avec vous. Cela peut même arriver lors de circonstances exceptionnelles, comme un voyage à Lourdes ou tout autre lieu saint.

Personne ne guérit personne. Bien sûr, après un accident, des médecins, des chirurgiens, des infirmières soignent et parent au plus urgent pour nous maintenir en vie. C'est d'ailleurs dans cet esprit que sont formés les médecins et le personnel soignant à l'hôpital. Les hôpitaux furent créés dans le but de soigner les personnes atteintes de maladies aiguës ou des accidentés.

Malheureusement, ce modèle économique n'a pas résisté à la vague des maladies chroniques. Elles plombent d'une façon abyssale les budgets des hôpitaux. Les pathologies dites de civilisation : diabète, cancer, Alzheimer n'y sont pas abordées de manière globale, ou holistique[10]. Nous verrons plus loin l'importance de la nutrithérapie, de la gestion du stress, du sport, du mouvement, dans toutes les maladies. Cela ne mérite pas forcément des hospitalisations.

La médecine, telle que pratiquée de nos jours, en occident, ne soigne que les conséquences d'une maladie. Ce n'est pas rien, bien sûr.

Vous avez un problème cardiaque détecté lors d'une investigation de routine, une artère un peu obstruée, donc il faudra faire baisser le cholestérol. Des statines vous sont prescrites après vous avoir posé des stents. Les statines feront baisser votre cholestérol, et cela fonctionne tellement bien qu'elles sont prescrites à vie. C'est le jack pot de l'industrie pharmaceutique : 300 milliards de dollars en 20 ans.

Le problème est que les effets secondaires sont terribles. C'est dia-

10 Holistique : qui s'intéresse à son objet dans sa totalité

bétogène, cela crée des problèmes musculaires, le CPK[11] augmente considérablement et l'on constate que les cellules musculaires meurent d'une façon anormale. Au fait, le coeur n'est-il pas un muscle? Sans parler des problèmes de troubles de l'érection car le cholestérol est un précurseur d'hormones sexuelles, notamment de la testostérone.

Les statines affectent le rapport oméga 3/oméga 6, augmentent le déclin cognitif et accélèrent le vieillissement du cerveau. C'est l'exemple type du mauvais médicament. Il sera bientôt supprimé et ce sera un plus grand scandale que le Médiator. Il sera remplacé, bien sûr.

Le cholestérol est indispensable pour assurer la plasticité des cellules afin qu'elles communiquent mieux entre elles. C'est le constituant essentiel de la membrane cellulaire, son cerveau. Le noyau de la cellule serait plutôt son disque dur, mais la membrane régit les échanges avec l'extérieur de la cellule. On note également que de faibles niveaux de cholestérol sont des marqueurs de cancers, en lien avec la membrane cellulaire qui perd sa fonction d'inhibition de contact : la tumeur ne cesse de grossir. L'on retrouve également chez les patients atteints d'Alzheimer un grand déficit de cholestérol.

Le premier cardiologue à s'être ému de la nocivité des statines est le docteur Michel de Lorgeril. Il assistait au congrès qui annonça la découverte des statines. C'était il y a un quart de siècle. N'hésitez pas à lire ses livres qui expliquent très bien la nocivité de cette molécule et bien plus[12].

Pour terminer sur ce sujet, il faut savoir que la surveillance des plaques d'athérome est primordiale, par une échographie de la carotide, ou un échodoppler artériel des vaisseaux du cou. Mais l'analyse de ces plaques d'athérome nous enseigne qu'elles sont composées de 10 % de cholestérol, de beaucoup de calcium et de cellules mortes. C'est en fait les méfaits des radicaux libres dans l'organisme qui

---

11 CPK : créatine phosphokinase ; protéines que l'on trouve dans les cellules musculaires

12 Cholestérol, mensonges et propagande de Michel de Lorgeril – Editions nouvelles

oxydent le cholestérol et qui déclenchent l'athérosclérose ou la calcification des artères.

Il est plus intelligent de comprendre pourquoi et comment se forment ces plaques d'athérome pour agir. Le même docteur de Lorgeril conclut toujours ses conférences en demandant de changer de mode de vie, de bouger, d'avoir une alimentation de type méditerranéenne, de boire un bon verre de vin rouge lors des repas. Si le taux de cholestérol ne varie pas, cela n'a pas trop d'importance, c'est probablement dû à une hypercholestérolémie génétique.

2. LA NATURE NOUS OFFRE TOUT : SOLEIL, EAU, TERRE
Les cadeaux de mère Nature sont l'arsenal préféré des sorcières

LE SOLEIL

Il nous permet de synthétiser la vitamine D. C'est indispensable à la vie. Offrez-vous des bains de soleil, y compris en ville, c'est gratuit et indispensable pour une santé optimum. Dés les beaux jours, exposez-vous au moins 20 minutes par jour. Evitez les produits solaires qui empêchent la synthèse de la vitamine D, sauf sur un bateau ou sur les cimes des montagnes. Une casquette et un tee-shirt protégeront plus efficacement les enfants qui construisent des châteaux de sable, ou un parasol.

En hiver, il faut absolument se supplémenter avec de la vitamine D3 si notre taux ne dépasse pas 30. Ce qui est le cas de la majorité des occidentaux. Mais là encore les recommandations officielles sont sous-dosées. Il faudrait prendre 4000 UI (unité universelle) par jour. La vitamine D est une molécule ubiquitaire impliquée dans de nombreux processus enzymatiques du corps, souvent en association avec le magnésium. Elle intervient dans la physiologie musculaire, mais également dans l'immunité. Elle est également très efficace contre les infections virales en diminuant les risque de faire des formes graves.

Les lunettes de soleil devraient être portées avec parcimonie. En effet, le soleil envoie un message au cerveau qui met en place une stratégie de protection de la peau. Des études menées sur des marins ont conclues à un moindre nombre de cancers de la peau des marins de surface, au détriment des sous mariniers. Pour la minute écolo, l'on sait que les nanoparticules présentes dans les crèmes solaires sont délétères pour le milieu aquatique.

L'HYPERTHERMIE OU LA THERMOTHÉRAPIE

En parlant de soleil, de chaleur, il existe à Hanovre en Allemagne, un centre d'hyperthermie qui propose des thérapies biologiques pour traiter le cancer. Le premier traitement consiste à focaliser une chaleur forte sur l'organe cancéreux, avec une chimiothérapie à faible dose, en association avec une thérapie de potentialisation à l'insuline, des doses de vitamine C, diverses perfusions à l'amygdalite B17, le DMSO, la thérapie de réparation génique du docteur Nieper et la cure Gerson[13]. Des approches intéressantes qui reprennent les travaux d'Otto Warburg, prix Nobel de médecine en 1931, pour avoir découvert des processus clefs de la respiration cellulaire et des différents systèmes enzymatiques. Nous le verrons plus loin.

C'est aussi le docteur Salmanoff[14] qui découvrit l'importance d'une bonne circulation sanguine dans le réseau des capillaires (petits vaisseaux de la taille d'un cheveu). Il faisait prendre des bains chauds en faisant augmenter la chaleur progressivement, avec de la térébenthine issue des mélèzes de Sibérie. Il fût lui-même inspiré par les travaux d'Augusta Krogh qui reçut en 1920 le prix Nobel de médecine pour ses découvertes sur la régulation neuro-végétative des vaisseaux sanguins capillaires et leur capacité à se dilater et à se contracter pour réaliser un véritable drainage de l'organisme.

Il expliquait que beaucoup de pathologies naissent d'un colmatage de ces capillaires. Si l'on rétablit une bonne circulation, la guérison est assurée et le rajeunissement acquis. Il constate les bienfaits « d'un bain

13 Gerson Institute à San Diego

14 Docteur Salmanoff 1875-1964, médecin personnel de Lénine, il dirigea quasiment toutes les cures thermales d'URSS

aux feuilles de noyer, d'alun bicarbonate ou à l'essence de térébenthine, qui réchauffe les capillaires de la peau mais qui stimule surtout 70 hormones fabriquées par le derme et vivifient 2 millions de glandes sudoripares et 250000 glandes sébacées ».

Parfois, au coeur de l'hiver, si je sens poindre un début de refroidissement, je prends immédiatement un bain très chaud. Je commence à 38 degrés et je rajoute de l'eau brulante peu à peu. Lorsque j'atteins 40 degrés, j'essaie de tenir au moins 20 minutes et en sortant je m'enroule dans mon peignoir et fonce sous la couette. Tout cela active une forte transpiration qui entraîne avec elle son lot de microbes et autres toxines. Il a été prouvé que chaque degré de fièvre supplémentaire permet l'élimination des microbes. A 39 degrés de fièvre, l'effet bactériostatique paralyse les microbes, à 40 degrés c'est l'effet bactéricide qui tue les microbes et à 41 degrés l'effet bactériolytique permet la lyse des microbes.

C'est Julius Wagner-Jauregg (1857-1940) prix Nobel de médecine en 1927, qui remarque que des malades de la syphilis sont grandement améliorés lorsqu'ils contractent la malaria qui donne de fortes fièvres. Le docteur Gernez, note également quelques cas de guérisons de cancers après une forte fièvre due à un virus quelconque. Cela peut s'expliquer par une forte mobilisation de notre système immunitaire. Réflexion intelligente, puisque le prix Nobel de médecine de 2018 fût décerné à James P. ALLISON et Tasuku HONJO, pour leur engagement dans l'immunothérapie, afin de combattre le cancer. En effet, ils expliquent qu'il faut booster les défenses immunitaires pour permettre aux défenses du corps de se débarrasser des cellules cancéreuses. Malheureusement, on omet de préciser également que la chimiothérapie affaiblit les défenses immunitaires.

Revenons à la fièvre. Il faut comprendre la différence entre les virus et les bactéries. Les bactéries sont constituées d'une seule cellule dépourvue de noyau, alors que le virus se compose d'un assemblage d'acides nucléiques, support de leur information génétique, et de protéines qui protègent ses acides nucléiques et donnent ce pouvoir infectieux. Il a besoin d'entrer dans une cellule pour s'y reproduire. Ils arrivent dans le corps par le nez, la bouche et les oreilles. Lorsqu'il s'est reproduit dans la cellule, elle éclate et le virus se propage dans le corps, mais avant de mourir la cellule libère des substances qui agrandissent les vaisseaux sanguins à proximité. Le sang s'accumule alors à l'endroit de l'infection, et les globules blancs traversent la paroi des vaisseaux sanguins pour rejoindre la cellule infectée. C'est l'inflammation. Le corps se défend. La cellule infectée par le virus fermente, car les leucocytes[15] bloquent l'oxygènation, et produit du dioxyde de carbone et de l'acide lactique. Cela crée une acidité dans la cellule qui bloque la reproduction des virus. Cette fermentation produit également de la chaleur qui tue les virus.

La cellule meurt ainsi que les valeureux leucocytes et libère des substances qui augmentent la température du corps. C'est donc bien la fièvre qui tue les virus.

C'est une hérésie de supprimer la fièvre immédiatement. C'est la réponse du corps à l'agression de virus divers et variés. Il faut juste laisser faire la nature. Cela signifie surtout que le corps entame sa phase de guérison. Les sorcières et les grands-mères, qui mettaient le malade sous trois couches d'édredon, savaient avec bon sens qu'il faut aider le corps à se guérir lui-même : des boissons chaudes, un jeûne et du repos.

Si l'on poursuit le raisonnement jusqu'au bout, il est dangereux de donner de l'aspirine ou du paracétamol pour faire baisser la fièvre. Cela revient à offrir un super coup de fouet aux virus.

C'est un autre prix Nobel de médecine en 1965 avec François Jacob et Jacques Monod, André Lwoff, pour son apport sur les maladies à virus : « La découverte de la régulation génétique de la synthèse des enzymes et des virus » qui a pointé l'importance de la fièvre pour guérir, lors d'infections par des virus.

---

15 Globules blancs

En revanche, si l'on tombe malade à cause d'une méchante bactérie, les antibiotiques l'empêchent de se nourrir et de répliquer son ADN, de fabriquer ses protéines ou sa paroi. Mais ces antibiotiques détruisent aussi les bonnes bactéries.

L'OMS prévoit des millions de morts supplémentaires à cause de l'anti-biorésistance ces prochaines années. En effet, le corps développe des stratégies de résistance aux antibiotiques qui deviennent alors inopérants. Gardons les pour les cas graves et ponctuels. Pas pour traiter le moindre rhume.

René Quinton développe la loi de la constance thermique qui dispose que les espèces les plus anciennes ont les températures les plus basses. L'ornithorynque, par exemple, très ancien dans l'histoire, a une température de 31 degrés. Comme nous sommes une espèce récente, notre température de mammifère est de 37.2. Le phénomène de fièvre permet au corps de se guérir, de se réinitialiser en quelque sorte. Jusqu'à 44 degrés précisément la cellule peut se battre contre l'infection. Evidemment le degré de température doit être adapté à chacun. Évitons une trop forte température à un bébé.

LA MÉTHODE GARDELLE

Il s'agit de créer une sorte de flux entre une zone enflammée et assez chaude puisque les leucocytes et les lymphocytes s'activent, et la zone du foie-rate, qui permet d'évacuer les déchets métaboliques. Concrètement, on pose un linge fin et humide sur la zone douloureuse et une vessie de glace au-dessus. Sur la zone foie-rate on recouvre un linge fin et humide d'une bouillotte chaude. Ce différentiel de chaleur de 10/40 degrés permet des résultats étonnants. Michel Dogna[16]

16 Michel Dogna, né en 1940, ingénieur chimiste, heilpraktiker, est un auteur reconnu de la médecine naturelle

l'a très bien expliqué dans sa Bible « Prenez en main votre Santé ». Il y note avoir sauvé un homme d'une amputation programmée. C'est une méthode formidable et tellement simple pour venir à bout d'une migraine, d'un lumbago, une capsulite de l'épaule. Mais aussi, dans le cas d'une rupture d'anévrisme pour libérer le caillot incriminé, à condition de faire plusieurs séances de 4 heures, jusqu'à la récupération de la mobilité. Dans tous les cas, il faut agir vite pour s'assurer d'une récupération optimale.

L'EAU

On peut se passer de nourriture, et ce serait bien de le faire plus souvent, mais pas d'eau. En Iran, un homme étonnant a beaucoup contribué à la prise en compte de l'importance de l'eau sur la santé. C'est le docteur Batmanghelidj : un nom pareil se mémorise facilement. Il a d'ailleurs été surnommé docteur Batman.

Né en Iran en 1931, il fait ses études en Ecosse puis sa médecine à Oxford où il exerce quelques années. Il s'installe en Iran mais lors de la révolution de 1979 il est emprisonné pendant deux ans, comme de nombreux intellectuels proches du Shah.

En prison, il commence à jeûner, et ne boit que de l'eau. Peu à peu, il se sent si bien qu'il s'interroge. Il doit être exécuté mais ses gardiens lui accordent un sursis, car ils ont besoin d'un médecin pour eux-mêmes et accessoirement pour les autres détenus. Un beau matin, un de ses codétenu le supplie de le soulager d'une douleur extrême due à un ulcère à l'estomac. Il n'a aucun médicament avec lui, bien sûr. Il lui propose deux verres d'eau et, miracle, la douleur s'estompe un peu. Il lui prescrit alors deux verres d'eau toutes les trois heures, et l'homme finit par guérir. Ce succès se répand comme une trainée de poudre dans la prison.

Il soigne 3000 personnes en deux ans, et entame un étude sérieuse sur les bienfaits de l'eau. N'oublions pas qu'il fût le dernier assistant de

Sir Alexander Fleming. A sa sortie de prison, il émigre aux Etats-Unis et continue ses recherches à l'Université de Pennsylvanie. Il découvre que la douleur correspond souvent à un état de déshydratation. Il prend conscience que l'industrie pharmaceutique pallie aux problèmes de dépression et de douleurs avec des antihistaminiques[17].

En effet, l'histamine est un neurotransmetteur qui se charge de réguler l'eau dans le corps et qui gère nos programmes de pénurie d'eau. Or, lorsque l'on a des allergies, de l'hypertension, du diabète, des maladies immunitaires, de l'asthme, il y a souvent un problème de déshydratation, explique le docteur Batmanghelidj, au grand dam des laboratoires pharmaceutiques. Nous en sommes arrivés là car nous buvons de moins en moins d'eau et nous nous gavons de sodas, de thé, de café hyper acides, qui ne remplacent pas l'eau, mais pire encore nous déshydratent. L'eau permet aux nutriments de cheminer jusqu'aux cellules et d'en récupérer les déchets. Lorsque nous sommes déshydratés nous devenons alors beaucoup plus vulnérables aux toxines et aux éléments pathogènes qui ne circulent plus. Il conseille de boire chaque jour, l'équivalent de notre poids multiplié par 3 %.

Je précise juste que les tisanes, le thé, ne remplacent pas l'eau. Au fait laveriez vous vos petites culottes avec du thé ou de la tisane ? C'est ce que m'apprit un naturopathe il y a longtemps. Pas bête.

C'est encore René Quinton (1866-1925) qui a découvert la similitude chimique du plasma sanguin avec l'eau de mer. Il baptise cette découverte « loi de la constante osmotique ». René Quinton postule que le liquide dans lequel baigne nos cellules est en osmose avec le milieu marin. Il démontre que l'eau de mer peut remplacer le milieu vital de l'organisme si elle est ramenée à l'isotonie, soit 9 grammes de sel marin par litre d'eau. Alors que l'eau de mer a en moyenne 33 grammes de sel par litre… sauf l'eau de la Mer Morte.

17 Substance impliquée dans les réactions allergiques, mais également dans la sécrétion gastrique

Pour valider sa découverte, il multiplie les expériences. La plus connue est celle du chien Sodium. Il vide de de son sang un chien en piteux état et lui transfuse un demi litre d'eau de mer à 23 degrés en onze minutes. Le chien quasiment mourant se redresse et s'ébroue, mais ses globules rouges sont tombés très bas. Quatre jours plus tard la leucocytose[18] est accomplie et le chien ressuscité. Il mange, trotte et il est baptisé Sodium. La même expérience avec du sérum physiologique ne donne aucun résultat positif.

C'est une vraie découverte dont René Quinton tire vite des solutions thérapeutiques. En effet, un organisme affaibli peut se régénérer uniquement en recevant des injections d'eau de mer isotonique[19]. L'eau de mer, à peine filtrée, est recueillie dans des vortex pour être la plus riche en micro nutriments. Le procédé est opéré selon des protocoles pharmaceutiques de classe A. Le lieu de prélèvement est important et là où René Quinton utilisait son pendule, on se réfère maintenant aux clichés de la NASA. Les endroits sélectionnés sont d'une belle couleur vert émeraude qui signale une forte concentration en phytoplancton et en zoo plancton, qui le rend bio-disponible. Le zoo plancton se nourrit de phytoplancton et son excrétion donne une eau très riche. Curieusement, ce sérum de Quinton a perdu son AMM[20], en France en 1982. Pourtant…

René Quinton a multiplié les expériences et a eu des résultats surprenants avec une simple injection de sérum isotonique en intraveineuse. Il guérit un mourant de la typhoïde, un autre atteint d'une cirrhose du foie compliquée d'un érysipèle[21].

---

18 Augmentation du nombre de globules blancs dans le sang ; la leucocytose digestive est une augmentation des globules blancs dans le sang, l'urine et la lymphe suivant l'ingestion de nourriture

19 Eau de Quinton isotonique car elle est ramenée à l'isotonie du corps par un rajout d'eau de source ; l'eau de Quinton hypertonique est de l'eau de mer pure

20 Autorisation de Mise sur le Marché

21 Érysipèle : infection de la peau et des tissus sous cutanés, due à un streptocoque ou un staphylocoque

En juillet 1906 il sauve 11 bébés d'une pouponnière d'Argenteuil du choléra infantile, grâce à une injection de sérum de Quinton isotonique.

Selon lui, cette méthode assure la survie des globules blancs, sans effets toxiques et répare surtout le terrain. Des dispensaires marins « Quinton » ouvrent partout en France et à l'étranger : Etats-Unis, Italie, Suisse, Egypte. Il décède en 1925 et a droit à un enterrement digne d'un chef d'état et d'une oraison funèbre du Président Poincaré.

En 1952 l'Académie de médecine en France valide ses travaux sur le pouvoir anti-bactérien de l'eau de mer.

Il y a quelques années un médecin parisien particulièrement futé a mis au point une technique astucieuse pour guérir des douleurs du dos : hernies discales, sciatiques, cruralgies, etc. Rien de magique dans son approche mais il intervenait sur un problème mécanique.

Ce docteur François Epineuze explique dans ses interviews qu'entre chaque vertèbre il existe un disque intervertébral qui malheureusement se déshydrate avec l'âge, mais aussi après certaines activités sportives intensives, et peut alors coincer un nerf : souvent le nerf sciatique.

Réhydrater ce disque intervertébral avec du sérum de Quinton isotonique soulage instantanément la douleur puisque le nerf est décoincé. C'est une technique très simple, qu'il a contribué à faire connaître. Il suffit d'installer de petites aiguilles sous cutanées, avec une perfusion de 250 ml de sérum de Quinton. On positionne quatre aiguilles de part et d'autre de la colonne vertébrale, à 3 centimètres l'une de l autre. Ce type de perfusion est surnommée la Pieuvre car elle a 8 ou12 tubulaires.

Si la première séance semble magique, il faut néanmoins consolider l'effet par une dizaine de séances. C'est le corps qui nous notifie ses besoins. Cela pourrait même éviter des prothèses de genou ou de hanche et ce n'est pas douloureux, juste un peu désagréable parfois, et la séance dure 25 à 30 minutes en moyenne.

Récemment, je l'ai expérimenté sur moi. Depuis quelques jours j'avais du mal à faire du vélo, probablement à cause d'un peu d'arthrose au genou. Comment vivre à Paris sans vélo ? Impossible de me résigner et encore moins de prendre des anti-inflammatoires ou anti-douleurs. J'ai serré les dents et me suis injecté en sous-cutanée deux fois une ampoule de 10 ml de sérum de Quinton isotonique[22]. Le troisième jour je recommençais mes balades à vélo… Je confirme également l'effet anti inflammatoire.

J'ai constaté des effets incroyables sur des personnes qui souffraient de sciatiques ou autres cruralgies. Plutôt que d'ouvrir des salles de shoot, ne serait-il pas plus utile d'ouvrir de nouveaux centres de « shoot de sérum de Quinton ? ». Cela serait un excellent investissement. Songez à tous les arrêts maladie, aux anti-inflammatoires et anti-douleurs évités : une bonne nouvelle pour les comptes de la sécurité sociale.

Il existe une association pour « l'hydrotomie percutanée » qui forme des médecins et infirmières à cette technique et qui poursuit des recherches d'applications thérapeutiques. Ils ont mis au point un protocole pour enlever le calcaire dans des cas graves d'arthrose de l'épaule, par exemple. Il suffit d'injecter de l'EDTA (acide éthylène diamine tétra) avec du sérum de Quinton qui sert alors de transporteur, mais qui apporte également des micronutriments. Lorsque l'EDTA a effectivement dissout le calcaire, l'épaule retrouve sa mobilité. Cette méthode agit directement sur l'os par mésochélation des ions CA2+. A Nice, le docteur Guez dirige cette association devenue internationale[23]. Sur leur site vous pourrez prendre connaissance des coordonnées du praticien formé à cette méthode, le plus proche de chez vous.

A propos d'arthrose, on sait que le calcium en excès est délétère. Nous devons gérer près de 1,5 kg de calcium dans notre corps. Les produits lai-

22 Seul le sérum de Quinton isotonique peut être injecté ; le sérum de Quinton hypertonique se prend en cure de 3 semaines minimum, pour améliorer le terrain, ponctuellement, il dope bien l'organisme, sans effets secondaires

23 www.hydrotomiepercutanee.com

tiers consciencieusement ingérés font souvent le lit de l'arthrose et autres pathologies. Ils sont trop acidifiants pour le corps humain, et pire, l'acidité enlève le calcium là où justement nous en avons besoin. Le calcium végétal est bien mieux adapté à l'homme. Il est bio disponible. Il se trouve dans les crucifères, les sardines avec les arêtes, les haricots blancs, etc. Mais continuons à déguster modérément de bons fromages de chèvres et de brebis, et du Beaufort qui a un taux très minime de lactose.

Le sérum de Quinton a aussi d'autres applications. Il est buvable sous les deux formes : isotonique et hypertonique. Certains médecins, comme René Quinton lui-même, l'injectent directement en intraveineuse. Il peut s'utiliser en compresses ou en lavements.

Lors du fameux congrès du 17 septembre 2004 au ministère de la Recherche, des thérapeutes du monde entier ont présenté leurs travaux et fait part de leurs expériences. Des dentistes ont évoqué des résultats extrêmement encourageants sur les névralgies faciales, avec 80 % de succès, mais aussi pour traiter l'intérieur des dents dévitalisées trop souvent source d'infection microbienne. Le sérum de Quinton a une action directe sur la matière mais il apporte également une information vibratoire. Jusqu'à présent notre médecine allopathique s'est surtout intéressée à l'aspect corpusculaire des molécules grâce à une microscopie de plus en plus fine, mais très peu au côté vibratoire. Or, grâce à son origine de vie dans les vortex, et à ses éléments traces[24], le sérum de Quinton permet une activité vibratoire peu explorée. Les résultats sont pourtant probants à l'instar du chien Sodium quasiment ressuscité grâce à cette transfusion. C'est un produit naturel et totalement compatible avec les groupes sanguins et les facteurs rhésus. Ce qui n'est pas le cas avec le sérum physiologique. Pendant la première guerre mondiale, l'armée française a beaucoup transfusé du sérum de Quinton sur des grands blessés. Le sang était alors une denrée rare dans les tranchées. Pourquoi ne plus l'utiliser ?

---

24 On retrouve quasiment tous les éléments de la table de Mendeleïev

Des vétérinaires ont aussi témoigné de l'intérêt de ce sérum en cas d'anémie, ou lors de chirurgie abdominale en soutien immunitaire.

Pour conclure, le sérum de Quinton équilibre l'homéostasie[25] de notre corps notamment par l'équilibre oxydo-réductase. Le sérum agit là non par la quantité mais par la qualité des minéraux qui permet l'activation des gènes qui maintiennent l'équilibre rédox.

LE GROUNDING : RECONNEXION À LA TERRE

C'est la nature qui guérit les malades : Hippocrate

En d'autres termes, c'est le fait de marcher pieds nus dans la nature, la forêt, la plage, le jardin. De tout temps l'homme a marché pieds nus, les sorcières aussi, et certaines tribus continuent. Nous sommes une sorte de machine électrique qui interagit avec la terre. Retrouver cette connexion avec la terre est très intéressant pour notre santé. Il s'opère alors des échanges subtils entre nos électrons et nos radicaux libres, et la terre ou le sable nous offrent alors leur effet antioxydant et anti-inflammatoire. Les ions négatifs (bénéfiques pour la santé) sont alors envoyés vers la plante des pieds et permettent au sang d'être moins épais et de faire baisser l'inflammation et l'oxydation, soit le vieillissement.

Les bains de forêt, ou Shinrin-Yoko, connaissent un grand succès au Japon depuis les années 80. Ils ont toujours existé mais les japonais ont, les premiers, attesté de ses bienfaits sur la santé. Ils y seraient même remboursés par la sécurité sociale.

Marcher dans la forêt renforcerait le système immunitaire grâce à l'augmentation du nombre de cellules NK (Natural Killer), permettrait de récupérer plus vite après une intervention chirurgicale, réduirait la

25 L'homéostasie est le processus de régulation par lequel l'organisme maintient les différentes constantes du milieu intérieur

tension artérielle, ferait baisser la tension, améliorerait le sommeil et la concentration. Des adeptes de ces sorties en forêt pointent la force que nous communiquent les arbres lorsque nous les embrassons. Attention toutefois à certaines mousses ou lichens de chênes allergisants. Certains forestiers ont décrit leurs relations aux arbres avec succès. Beaucoup d'entre nous avons une attirance pour certains arbres... qui au fil du temps deviennent quasiment des amis. Si nous arrivons à lâcher prise face à un arbre nous pouvons immédiatement sentir sa force, sa sérénité. Nous inter-agissons avec lui, qui est un maillon fort de notre environnement.

LE SOMMEIL

En quelques décennies nous avons perdu une heure de sommeil en moyenne. Pourtant l'on sait bien à quel point le corps s'auto-guérit en dormant.

Il y a quelques années, j'ai assisté à l'enterrement de deux amis, à quelques jours d'intervalle. Lors de l'oraison funèbre du premier, ancien recteur d'université, un de ses anciens assistants évoquait la disponibilité du défunt, surtout la nuit. Il acceptait d'être appelé à 3 heures du matin. L'autre défunte, une amie de chorale, arrivait toujours en courant à nos répétitions de midi car elle se réveillait à peine plus tôt. Elle avait un mal fou à s'endormir.

Peut-être que le lien entre ces deux décès pouvait être d'avoir omis de suivre le cycle circadien[26].

Des études, sur les hamsters notamment, démontrent clairement le rôle du sommeil sur la mémoire et la fonction cérébrale. Plus généralement le cycle circadien régule l'activité de tout le corps : le cerveau, les poumons, le coeur, les muscles squelettiques, la production hor-

26 Cycle circadien : couvre 24 heures de la rotation de la terre sur elle-même

monale, la gestion du poids, le stress et pourrait même avoir des effets anti-cancer d'après des chercheurs allemands de l'université de Berlin. La perturbation de ce cycle circadien produit des cellules anormales ou cancéreuses, car il est imprimé depuis la nuit des temps dans nos cellules : 95 % des cellules cancéreuses auraient l'expression des gènes circadiens perturbée. Il existerait un test salivaire qui vérifie le taux de cortisol et qui semble prédictif sur le temps de survie de patientes atteintes de cancer du sein. Les deux amis, cités plus haut, avaient des cancers. Bigre. De même, la lumière bleue de nos écrans perturbe la production de mélanine qui facilite l'endormissement, et pourrait augmenter le développement de cellules cancéreuses. Idéalement, il faudrait éviter les écrans deux heures avant l'endormissement.

Dans mon enfance, j'ai souvent entendu dire que le sommeil d'avant minuit était le meilleur : du bon sens.

Nous sommes tellement dépendants des cycles lunaires, du mouvement des astres. C'est un secret de sorcière que de vivre en s'accompagnant du cycle lunaire. Lors de sabbats les soirs de pleine lune, elles célébraient les règles des femmes et leur puissance. Décidément, elles ont sérieusement observé les cycles de la nature, des femmes, pour comprendre la vie et la puissance de la vie.

3. PETITS CONSEILS DE SORCIÈRES

Pour optimiser notre santé, il faut que notre foie fonctionne bien. C'est le chef d'orchestre. Notre système digestif est la clef et comme il ralentit avec l'âge nous devons veiller à l'accélérer pour nous débarrasser au plus vite des toxines.

Un excellent transit, donc, que nous pouvons aider en prenant du psyllium. C'est un tégument d'un plantain indien qui permet un transit doux et efficace. Avec le temps des matières indurées ralentissent le transit, et s'il est accéléré les matières ne stagnent pas. Un microbiote à choyer car il joue un rôle primordial sur notre santé. En effet, notre corps héberge plus de 500 espèces de bactéries, virus ou champignons, soit près de 2 kilos de notre poids corporel, en moyenne. Notre corps a lui quelques 100 000 milliards de cellules.

La plupart des bactéries sont plus que nos amies et nous aident dans le processus digestif. Elles s'activent également pour que notre système immunitaire soit bien boosté. Grâce à cet équilibre entre tous les habitants de notre système digestif, notre santé est optimum. Malheureusement, dés qu'un déséquilibre s'installe, les répercussions sont multiples : diabète, surpoids, cancer hormono-dépendant, colorectal, maladies auto-immunes, maladies cardio-vasculaires, maladies neuropsychiatriques, problèmes de peau… il est maintenant acquis que les intestins forment notre deuxième cerveau avec qui ils sont en lien constant. Bien des états dépressifs pourraient être réglés par une amélioration du microbiote.

Les causes de ce déséquilibre sont maintenant connues. Cela peut commencer par une mauvaise empreinte bactérienne de la mère, un accouchement par césarienne qui prive le bébé du microbiote de la mère lors du passage. Un allaitement maternel absent alors que c'est la meilleure façon de transmettre ses anticorps et bien plus, à l'enfant.

Tous les mammifères le font. Et l'antibiothérapie lors des deux premières années de vie peut faire surgir des années plus tard de l'asthme ou d'autres pathologies.

Plus tard, des infections virales ou bactériennes mettent à mal ce microbiote. Ainsi que des médicaments pris sur le long terme : les IPP[27], les AINS ou anti-inflammatoires non stéroïdiens, ibuprofène, les antibiotiques, mais également une mauvaise alimentation bourrée de pesticides et autres conservateurs, un stress chronique…bref toutes les joyeusetés de la vie moderne, corrélées aussi à une porosité intestinale.

L'exemple du Candida Albicans est probablement le plus répandu. Nous l'hébergeons dans notre microbiote sous forme de levure, qui cohabite avec les autres bactéries en bonne intelligence. Mais si justement cette harmonie est brisée par trop d'antibiotiques, de stress, entre autres, cette levure prolifère et mute en champignon. A ce stade, il faut agir vite car la baisse d'immunité, l'inflammation, la chronicité des maladies ont en commun cet envahissement de Candida Albicans.

Le docteur Max Gerson (1881-1959) est né en Allemagne et émigre aux Etats-Unis en 1936. Lors de la première guerre mondiale, il exerce comme jeune médecin et sa vie dans les tranchées n'est pas une sinécure. Il doit amputer un jeune soldat mais n'a aucun sédatif. Une infirmière lui souffle alors l'idée de faire un lavement, et comme il ne reste qu'un peu de café, il l'utilise. Miracle : la douleur s'estompe. Après la guerre, il commence à s'auto administrer des lavements au café pour réduire ses migraines. Cela fonctionne bien. Il décide d'étudier cette curieuse pratique et comprend que, pris par voie rectale, le café permet de stimuler le flux de bile, d'augmenter la capacité d'élimination des résidus toxiques et de diminuer les grandes douleurs.

Dés 1928, il met au point un protocole de guérison de maladies telles que le cancer, mais aussi la tuberculose et toutes les maladies causées par l'accumulation de toxines. Sa cure exclue les protéines, les glucides

---

27 IPP : Inhibiteurs de la Pompe à Proton prescrits lors de reflux gastriques

et produits laitiers, et se pratique en buvant toutes les heures des jus de légumes et de fruits passés à l'extracteur alternativement, 5 lavements au café par 24 heures, une supplémentation en potassium... Il existe une clinique Gerson à Tijuana au Mexique et en Hongrie.

Il est important d'être accompagné lors de cette cure qui nécessite un protocole très strict[28].

Le but de cette cure est de désengorger le foie afin qu'il retrouve sa fonction de chef d'orchestre de notre métabolisme. Vous pouvez pratiquer chez vous le lavement au café, de temps en temps ou en cas de douleur.

Il y a des protocoles à base d'huiles essentielles, une alimentation adéquate bannissant le sucre pendant quelques temps. Rien de mieux dans tous les cas que de privilégier une diète dite méditerranéenne et découvrir les bienfaits des plantes sauvages : orties, pissenlits, plantain, etc.

LE NETTOYAGE DU FOIE D'HULDA CLARK

C'est vraiment une découverte. Il s'agit de vider sa vésicule biliaire régulièrement. Les égyptiens du temps des pharaons pratiquaient déjà ce nettoyage. C'est une biologiste, médecin canadienne, Hulda Clark (1928-2009) qui a perfectionné la méthode. Au départ elle travaille surtout sur les parasites. Comment les éliminer, car selon elle, toute maladie en ITE a un parasite : les diabétiques hébergent le parasite eurytrema dans le pancréas, les cancéreux le fasciolopsis buski et aussi de l'alcool propylique. Les personnes atteintes d'asthme ou de psoriasis sont colonisées par les ascaris dans leurs poumons, etc. Elle explique que les douleurs inflammatoires sont le résultat d'une bataille entre les parasites qui tentent l'invasion cellulaire et les leucocytes qui s'en

28 Pratique de la cure Gerson et Kelly de Michel Dogna chez Guy trédaniel éditions

défendent. La chaleur locale et la pression que cela implique génèrent la douleur. Elle a fabriqué un petit appareil, le Zapper, pour se débarrasser des mauvais parasites, à l'aide de champs électriques inoffensifs pour l'homme.

Depuis toujours les sorcières savaient qu'il fallait se déparasiter régulièrement, avec de simples plantes. C'est d'ailleurs ce qui a valu le prix Nobel de médecine en 2015 à Youyou TU qui a développé un médicament pour lutter contre le paludisme[29] à base d'armoise annuelle (artemisia annua), plante classique de la pharmacopée chinoise qui en plus de toutes ses qualités est un puissant vermifuge.

Mais l'on retient surtout d'Hulda Clark ses cures de nettoyage des reins, du foie. Personnellement, je pratique régulièrement la cure de nettoyage du foie qui permet de vider ma vésicule biliaire. Hulda Clarkc conseille de se déparasiter avant de faire la cure. La cure elle-même vous prendra 12 heures de votre temps, mais les résultats sont incroyables. En 15 ans de pratique, je n'ai plus eu de migraines.

Chaque être étant unique, les ressentis diffèrent. Toute la méthode est très bien expliquée sur le net ainsi que dans le livre d'Andréas Moritz[30] (1954-2012), un naturopathe allemand. Le principe est d'ouvrir les canaux biliaires afin d'expulser les calculs ou lithiases biliaires, en général invisibles à la radio car rarement calcifiés.

C'est tellement simple que The Lancet a diligenté une enquête, il y a quelques années, qui concluait que les lithiases expulsées n'étaient que de l'huile d'olive, du jus de pamplemousse et de la bile émulsionnés. En revanche, d'autres études constatent que dans chaque petite boule expulsée, de la taille d'un petit pois en moyenne, se trouve un parasite et de la bile autour. Parfois nous pouvons expulser des paillettes de cholestérol. Cela vaut la peine d'essayer si l'on souhaite éviter l'ablation de la vésicule biliaire. Mais chacun est libre d'agir, en connaissance.

---

29 Paludisme : maladie infectieuse potentiellement mortelle due à plusieurs espèces de parasites ; il est transmis à l'homme par la piqûre de moustiques infectés

30 L'étonnant nettoyage du foie et de la vésicule biliaire aux éditions Nature et Partage

LE DOCTEUR SHINYA ET L'INVENTION DU COLOSCOPE

Ce médecin japonais s'installe aux États-Unis en 1963. Il a trente ans et fait partie de l'équipe qui développe le coloscope. Il est choisi comme assistant par le docteur Crohn, ce qui lui ouvre la voie de la gastro-entérologie. Accessoirement, il peut opérer longtemps car il a une agilité des deux mains (ambidextre) et par ailleurs il est féru d'arts martiaux ce qui lui assure une grande maîtrise du geste. Il remarque rapidement que, lorsque le flux d'énergie est bloqué dans les intestins, le corps perd l'équilibre et la maladie s'y invite. Le sang visqueux s'y installe avec son cortège de caillots qui obstruent les artères, les durcissent et forment les plaques d'athérome. C'est effectivement l'origine d'AVC et autres infarctus.

Le docteur Shinya préconise une alimentation à base de plantes bio, pour nourrir notre KI ou CHI, l'énergie vitale.

Le corps humain, nous l'avons vu, est composé de 100 000 milliards de cellules. Chacune est organisée en structure autonome, les mitochondries produisant l'énergie (ATP) à partir des nutriments des aliments que nous consommons et de l'oxygène que nous respirons (oxygène véhiculé par le sang).

Les problèmes surgissent lorsqu'il y a accumulation de détritus dans les cellules qui ne peuvent plus fonctionner normalement. Il en conclut très justement que la désintoxication est la clé de la santé. Par exemple, la démence, ou même l'AVC, sont dus à des déchets cellulaires qui s'accumulent sur la paroi des artères et sont très instables. Ces plaques d'athérome[31] peuvent se détacher et entrainer un AVC. C'est donc important de surveiller l'état de nos carotides qui sont des artères essentielles à l'approvisionnement sanguin du cerveau.

31 Il existe bien un lien entre les facteurs de risque cardiovasculaire et la survenue de démence ; les plaques amyloïdes, elles, sont des agrégats qui se forment autour des neurones et permettent de constater la maladie d'Alzheimer

D'une façon générale, nos aliments sont digérés et les nutriments absorbés dans nos intestins sont véhiculés jusqu'à nos cellules par le sang. Beaucoup de déchets résultent de la synthèse des protéines, essentiellement après ingestion de produits d'origine animale (viande, lait et produits laitiers). De la même façon, si les déchets produits dans nos intestins ne sont pas évacués rapidement la constipation s'installe avec son cortège de désagréments jusqu'à l'inflammation des intestins, des diverticules et autres polypes. Bref toutes ces joyeusetés pourraient être évitées d'après le docteur Shinya grâce à des habitudes alimentaires plus sobres.

Il sait de quoi il parle, puisqu'après un demi-siècle de pratique médicale, il a observé à l'endoscope plus de 350 000 estomacs, intestins et autres colons. Il dit avec humour qu'il connaît un individu grâce à l'état de son colon. A méditer.

Les intestins constipés sont plus néfastes que des cellules abîmées, et avec l'âge notre métabolisme ralentit. Mais il n'y a pas de fatalité si l'on accepte de se donner un peu de mal.

Le corps humain est une machinerie exceptionnelle dont chaque cellule a une intelligence qui permet à l'ensemble de retrouver l'équilibre : l'homéostasie.

Nous avons la chance d'avoir un système de désintoxication à l'intérieur même de nos cellules. C'est le système protéase qui dégrade les protéines non indispensables ou endommagées à l'intérieur de nos cellules. Le docteur Shinya nomme ce système protéique « les enzymes du rajeunissement ». Le nettoyage des cellules s'effectue en douceur grâce à l'enzyme protéase. Puis l'autolyse permet de recycler les protéines et le lysosome (poubelle intracellulaire) digère ces déchets. Tout cela s'effectue à notre insu mais nécessite un minimum de coopération de notre part pour être optimisé.

Autrement dit, si vous chargez trop votre corps de toxines, les enzymes de rajeunissement ralentissent leur travail. Elles sont débordées.

En revanche, pour booster ces enzymes de rajeunissement, le docteur Shinya propose de zapper le petit déjeuner, pour laisser 15/16 heures entre le dernier repas et le déjeuner du lendemain. Cela repose le système digestif. Si nous acceptons ce micro jeûne ou jeûne intermittent, notre force vitale est décuplée. Il explique même que c'est avec cette sensation de faim que l'autolyse s'accélère et que les protéines sont recyclées grâce à ces enzymes de rajeunissement. C'est d'ailleurs préconisé par la médecine ayurvédique depuis 6000 ans. Nous ingurgitons trop de nourriture, trop souvent. Le repas précédent n'est pas encore digéré lorsque nous nous mettons à table pour le repas suivant.

Cette sensation de faim n'existe plus, car nous grignotons sans cesse, et nous privons ainsi notre corps de ce processus de recyclage dans nos cellules, et l'activation de nos cellules de rajeunissement.

Il raconte une expérience sur des souris que nous pourrions méditer. En mai 2012, un biologiste du Salk Institute de Jolia (Californie) partage des souris en deux groupes, et leur donne exactement la même quantité de nourriture. Le deuxième groupe n'a accès à l'open bar qu'entre 13 heures et 20 heures. Après 15 jours de ce régime qu'arriva-t-il ?

Les souris du premier groupe, qui bénéficiaient d'un accès illimité aux agapes, devinrent obèses, développèrent un excès de cholestérol, un taux de sucre élevé dans le sang, des maladies hépatiques et des troubles métaboliques.

Les souris du deuxième groupe qui ne pouvaient se sustenter que 7 heures par jour, restèrent minces et pleines d'énergie. D'accord nous ne sommes pas des souris, mais pourquoi ne pas nous inspirer de cette expérience?

Évidemment la qualité nutritionnelle des aliments devient un impératif. Si l'on veut optimiser l'apport des vitamines, des minéraux et des enzymes, nous devons rechercher des fruits et légumes produits par des maraîchers proches de chez nous et autant que possible qui travaillent en bio ou en agriculture raisonnée. Tout un courant de naturopathes américains de Californie préconise la raw food pour bénéficier d'une plus grande source d'enzymes et autres vitamines. En France, la raw chef Marie Sophie L a développé une vraie Gastrawnomie.

De même l'eau que nous buvons doit être la moins polluée possible. Shinya utilise pour lui-même la machine Kangen qui filtre et dynamise l'eau du robinet . Je partage ce choix car l'on peut sélectionner son PH. Mais l'essentiel est de trouver un système qui nous convient le mieux et qui évite les bouteilles en plastique car le PET finit par migrer dans l'eau. En outre le plastique pollue à grande échelle, décime la flore aquatique et l'on sait qu'il existe un 'continent' de matières plastiques agglomérées.

Ce docteur Shinya est vraiment une mine d'or dans le domaine médical. Il explique très bien l'importance des enzymes dans les processus vitaux. Ils sont le moteur de notre énergie vitale et sont impliqués dans la digestion, l'assimilation, la dégradation des toxines, la respiration, l'activité physique mais aussi cérébrale. Une soixantaine de variétés d'enzymes désintoxiquantes sont requises pour effectuer l'autolyse des cellules.

Lorsque nous sommes fatigués, malades, c'est juste que nous manquons d'enzymes. Elles se trouvent essentiellement dans les fruits et légumes consommés crus, sans oublier les 3 % de minéraux dans notre corps : calcium, magnésium, potassium. Mais aussi des oligo-éléments qui se lient aux minéraux pour assurer différentes fonctions. Leur origine végétale garantit une meilleure bio-disponibilité dans notre corps. Songez que le calcium végétal est biodisponible à 80 %, alors que le calcium des produits laitiers l'est à 30 % seulement. Fruits, légumes, algues, sel de mer non raffiné, vitamines (20) nous aident à lutter contre l'oxydation qui accélère le vieillissement.

Des chercheurs du Southwestern Médical Center ont démontré que modifier la colonie des bactéries intestinales pouvait réduire les tumeurs.

En bref, le docteur Shinya recommande une alimentation composée de 80 % d'aliments d'origine végétale et de 15 % d'origine animale. Cela peut sembler curieux mais l'énergie, la force vitale des plantes sont bien mieux assimilées et nous offrent une meilleure qualité de vie. Il conseille également de consommer des céréales et des légumineuses. C'est d'ailleurs la base d'habitudes alimentaires autour du monde : dhal en Inde, lentilles cuisinées avec du riz, couscous de légumes en Afrique du nord, riz et haricots rouges en Amérique latine. Il note également que l'homme a davantage de dents destinées à arracher les végétaux (les incisives) et les broyer (les molaires) que de canines pour arracher la viande des os. Le rapport est de 7 à 1.

Il insiste sur l'importance de booster notre immunité, comme Claude Bernard et Antoine Béchamp (1816-1908) à leur époque, qui s'opposaient en cela à Louis Pasteur (1822-1895), lequel traquait le moindre microbe, pour l'éradiquer grâce à un vaccin. Mais sur son lit de mort, ce dernier aurait déclaré : « seul le terrain compte, le virus n'est rien ».

Le système immunitaire se situe principalement dans les plaques de Peyer de l'intestin grêle. Si nous consommons trop d'aliments carnés ou laitiers qui détériorent notre intestin, notre immunité baisse. Aucun médicament ou vaccin ne restaurera ce système immunitaire. Mais chacune des 100 000 milliards de cellules de notre corps a l'intelligence de se protéger. Une hygiène alimentaire de base (produits bio et peu transformés, cuisson lentes), des exercices réguliers, une bonne détoxication de temps en temps sont la clé d'une bonne immunité, sans oublier d'adopter une attitude positive.

Les antibiotiques prescrits en dépit du bon sens pendant des décennies ont peu à peu détruit notre microbiote en éradiquant certes des bactéries pathogènes, mais aussi les bactéries amies, indispensables aux actions du métabolisme.

Selon l'OMS, 10 millions de personnes dans le monde meurent chaque année car les bactéries sont devenues résistantes aux antibiotiques. Il existe cependant des alternatives comme les huiles essentielles, ou pour les cas les plus graves les phages[32], surtout utilisés dans

32 Les bactériophages ou phages sont des virus tueurs de bactéries qui pourraient remplacer les antibiotiques

les pays de l'Est. Souvent les pays qui traversent de graves pénuries deviennent plus créatifs et osent des thérapies non officielles.

Insistons sur l'importance de bien connaître la cinétique cellulaire, ou l'étude du développement des cellules, pour une santé parfaite.

Le docteur André Gernez (1921-2014) a le mieux expliqué tout cela dans ses travaux. Connu comme étant le père des cellules souches, il a très tôt compris que l'hormone de croissance était impliquée dans la majorité des maladies dégénératives. Mais il est difficile de tarir sa sécrétion.

Il a été connu pour avoir mis au point une cure de prévention active contre le cancer. En effet, c'est en partant de l'étude de la cellule qu'il a le mieux expliqué le développement du cancer. En fait, le destin normal d'une cellule est l'extinction ou l'apoptose, après avoir épuisé son capital de 70 divisions. La formation du foetus nous prive déjà de 50 divisions. Il nous en reste donc 20 à gérer au mieux. Notre longévité est fixée par cette capacité de divisions cellulaires (20 fois) et aussi par la qualité des cellules disponibles. Comme radiologue, André Gernez savait que la radiation fragilise les cellules. Il explique également que nous développons tous des micro cancers, de 16 cellules en moyenne, mais qui meurent puisque l'intelligence cellulaire pousse ces cellules tarées à mourir d'elles-mêmes spontanément car les cellules saines gagnent, presque, toujours. Sauf que, parfois, si les circonstances sont défavorables : problèmes psychologiques de la vie, pollutions, mauvaise alimentation, excès de tabac et d'alcool, infections chroniques, etc., tous ces facteurs appauvrissent l'organisme en cellules saines et la tumeur progresse. Tant que la tumeur est en contact avec des cellules saines, elle peut s'évacuer d'elle-même. Lorsqu'elle dépasse les 1000 cellules, au bout de trois ans, le cancer est encore réversible. Au bout de 5 ans la tumeur atteint un million de cellules et le cancer est irréversible, mais hélas pas encore détectable, car la tumeur ne mesure qu'un millimètre cube et ne peut plus être en contact avec les cellules saines. Trois ans plus tard, la tumeur représente un milliard de cellules et peut être décelée par les moyens d'imagerie médicale. La tumeur a alors 8 ans et 3 mois, statistiquement bien sûr. La médecine dispose d'un arsenal important, assez lourd pour éradiquer cette tumeur : chimiothérapie, radiothérapie et chirurgie.

Cela posé, l'apport principal du docteur Gernez est de se concentrer sur la prévention. Une prévention active, qui permet à tout un chacun de se débarrasser de ces micro cancers, en comprenant comment tout cela fonctionne.

André Gernez est un personnage très attachant et hors du commun. Bachelier à 15 ans, médecin à 21 ans, il ingurgite une quantité phénoménale de littérature médicale et en tire la substantifique moelle. A son époque Internet n'existait pas. Le docteur Jacques Lacaze, son fidèle assistant, explique qu'il a choisi la radiologie pour avoir plus de temps libre et consulter la littérature médicale.

Par exemple, il observe que des personnes internées à l'hôpital psychiatrique d'Athènes, en Grèce, dans les années 1938/1939, ne présentent pas de cas de cancérisation. Ces patients assez agités du fait de leur pathologie reçoivent tous les soirs un sédatif léger : l'hydrate de chloral. André Gernez poursuit alors sa réflexion et comprend que ce sédatif a un effet antimitotique[33].

Mais comment se fait-il qu'aucun cancer ne se déclare ? Il note également que le nombre de cancers déclarés avec ces mêmes pathologies, dans la vie civile d'Athènes, est constant, lui.

Dans sa cure de prévention active contre le cancer, il intègre cet hydrate de chloral (retiré du marché français depuis le 14 septembre 2001) et lui substitue un autre antimitotique.

Cette cure se pratique plutôt au printemps, tous les ans, et permet au corps de se purger de tous ses micro cancers qui n'ont plus le temps de se développer. Elle est simple à pratiquer et les protocoles sont en accès

33 Les antimitotiques endommagent les cellules cancéreuses en bloquant un processus appelé mitose (division cellulaire)

libres sur Internet. Dommage que cela ne soit pas devenu une pratique conseillée par les instances supérieures de la santé. Que d'économies réalisées et de souffrances évitées. Les coûts des différents plans cancer sont faramineux et les résultats ténus. Mais les puissances pharmaceutiques veillent assez intelligemment puisque personne ne semble les remettre en cause. Dans les chercheurs à suivre sur la thématique du cancer, c'est l'oncologue Laurent Schwartz[34] qui me paraît intéressant pour son approche d'une maladie métabolique. En effet, pour lui le cancer est provoqué par un dysfonctionnement des cellules. Ses recherches l'ont conduit à vérifier que la multiplication anarchique des cellules dans le cancer relevait d'un problème lié à la combustion du sucre. Exactement dans la lignée d'Otto Warburg, prix Nobel de médecine en 1931.

34 Cancer : guérir tous les malades aux éditions Hugo Doc ou Cancer : un traitement simple et non toxique aux éditions Thierry Souccar

4. AUTRES PETITS CONSEILS DE SORCIÈRES POUR PALLIER LES EFFETS DÉLÉTÈRES DE LA VIE MODERNE

LE CHANT ET LA RESPIRATION

Le souffle, c'est la vie. Il oxygène les cordes vocales qui font partie des quelques organes blancs du corps. Le souffle fait vibrer les cellules, permet la synchronisation des deux lobes du cerveau, tout en boostant notre immunité. La respiration est la base de la vie.

LE MAGNÉSIUM DE MARTIN DU THIEL

Dés 1929, Martin du Thiel, docteur en pharmacie et en médecine, publie un livre étonnant : « la défense du système nerveux[35] ».

Il y explique que 1 – la maladie résulte de l'insuffisance de la défense

2 – l'insuffisance résulte à son tour d'une déficience du grand sympathique

3 – la déficience du grand sympathique résulte d'un appauvrissement de la cellule nerveuse en magnésium.

Le grand sympathique est, pour lui, la forme intelligente qui dirige nos organes, les relie entre eux et coordonne leur action. Grâce aux nerfs, l'influx nerveux, ce fluide mystérieux qui émane de nos cellules nerveuses, est transmis à tous nos organes. C'est ce même grand sympathique qui permet les réflexes, fait battre le coeur, respirer les

35 En accès libre sur internet

poumons. Il semble donc important de soutenir les cellules nerveuses en priorité, surtout en cas de défaillance due à un grand stress, et d'entretenir cette énergie.

Il préconise l'hydroxyde de magnésium qui correspond à la vibration de la cellule en bonne santé et qui est bénéfique pour tout trouble physique. Dans l'estomac, au contact de l'acide chlorhydrique, dont nous produisons plus d'un litre par jour, l'hydroxyde de magnésium se dédouble en chlorure de magnésium et en eau, sans aucun sel halogène de magnésium. Cela permet une consommation au long cours, sans aucune action négative sur les reins.

Mais qu'est-ce que le magnésium exactement ?

C'est en fait un atome de métal, chargé positivement, qui s'associe à des composés chargés, eux, négativement. C'est pour cela qu'il en existe plusieurs formes : citrate de magnésium, gluconate de magnésium, lactate de magnésium, stéarate de magnésium...

Il est intéressant de savoir que l'organisme prend l'atome de magnésium et laisse le support. Nous sommes tous carencés en magnésium, à cause de la pollution notamment, car c'est un excellent dépolluant. Le corps évacue ses toxines avec ses ressources magnésiques. Mais il est également indispensable car il permet de décontracter les muscles, tandis que le calcium permet la contraction musculaire. Il faut donc bien surveiller l'équilibre calcium/magnésium, mais aussi magnésium/potassium.

Martin du Thiel fût très influencé par Claude Bernard[36] (1813-1878) dont le credo était « le microbe n'est rien, c'est le terrain qui est tout ». Je ne me lasse pas de cette intelligence. Il a l'intuition qu'il faut renforcer le terrain. Nous dirions aujourd'hui booster son immunité. Selon lui, la supplémentation en magnésium est indispensable pour renforcer la cellule nerveuse et permettre ainsi le bon fonctionnement du grand sympathique. Selon lui, la médecine est un art, qui s'aide de la science, mais dont la pierre angulaire est l'examen clinique.

---

36 Médecin et physiologiste français, père de la médecine expérimentale

Dès cette époque, il note qu'il est illusoire de créer un vaccin pour chaque maladie, et qu'il est bien plus intelligent de renforcer le système nerveux. Voilà une réflexion de bon sens que nous devrions méditer plus souvent.

Il poursuit ses réflexions en constatant que toute maladie peut se soigner si elle est détectée assez tôt. Il constate que l'on peut agir plus efficacement pour lutter contre le cancer en détectant les signes avant-coureurs que sont une faiblesse du système immunitaire : fatigue générale, baisse des défenses leucocytaires. Il remarque que plus les personnes ont une activité intellectuelle importante, plus elles sont sujettes aux cancers. Car, dit-il, les personnes cérébrales tirent plus sur les cellules nerveuses, sans compenser. Et l'équilibre est rompu. « Pour moi, aucun doute ne saurait subsister. J'ai la conviction profonde que l'on peut se préserver du cancer, conviction raisonnée qui repose, on le voit, non sur des théories mais sur des faits ».

En 1939, il republie son livre « La défense par le système nerveux central » en ajoutant deux parties, sur la tension artérielle et son testament médical : insomnies nerveuses, diabète, états congestifs (retour d'âge et troubles de la prostate) et intoxications organiques (urémie).

Sur la tension artérielle, il explique que l'hyper ou l'hypotension sont dues à une défaillance du régulateur, ici le grand sympathique, qui permet une meilleure élasticité des parois des aortes et des veines.

Tout à fait à rebours de ce qui est médicalement correct, son approche du diabète semble intéressante.

Il rappelle un expérience de laboratoire où l'on pique le plancher du quatrième ventricule cérébral d'un animal, dont le sucre apparaît dans l'urine. Lésion cérébrale? À l'origine du diabète? C'est ce qu'il semble penser. Un diabète est diagnostiqué lorsque l'on trouve trop de glucose dans l'urine. C'est en effet un des indicateurs du diabète. Le but du thérapeute est de faire baisser ce sucre. Le patient est soumis à un régime sans sucre, qui le fait baisser dans les urines dans un premier temps, mais qui finit par remonter après un certain temps.

En effet, le corps utilise des aliments azotés et la fonction glycogénique peut s'exercer au détriment des propres tissus du malade. A terme, le filtre rénal est tellement surmené qu'une partie du sucre est retenue dans le sang. C'est l'hyperglycémie. Le régime serait donc une erreur, et il faut surtout relancer la fonction d'assimilation dirigée et harmonisée, comme par hasard, par le grand sympathique.

De nos jours certains auteurs qualifient la maladie d'Alzheimer de diabète nerveux. Quels que soient ses effets, pancréatiques, hépatiques ou nerveux, la cause semble être identique. Dans le cas du diabète, Martin du Thiel préconise des corps gras et une supplémentation en hydrate de magnésium, ainsi que des granulés reconstituants et des granulés diurétiques[37] composés de substances végétales. En ce qui concerne les troubles de la circulation, il explique que le sang apporte aux tissus des nutriments, et les débarrasse des déchets de leur nutrition. C'est au passage du sang dans les reins, qui agissent comme un filtre, que se fait l'élimination des déchets. Si le sang est trop dense, l'opération filtrage s'effectue moins bien.

Il faut fluidifier le sang par une action dépurative. Les nerfs vaso-moteurs dépendent du grand sympathique et Martin du Thiel prescrit alors de l'hydrate de magnésium qui renforce la cellule nerveuse (toujours le même schéma) et pour son action laxative.

A propos de ce qu'autrefois l'on nommait « retour d'âge », Martin du Thiel explique qu'il s'agit d'états congestifs. La ménopause et son cortège de désagréments, comme les bouffées de chaleur, les varices et autre suées nocturnes, seraient dues au fait que les reins doivent suppléer à ces éliminations autrefois réglées par les menstrues. Le sang est plus dense et circule moins bien donc il faut envisager une action dépurative.

Les problèmes de prostate, après 60 ans, pourraient résulter d'une congestion de la prostate, qui peut causer des problèmes de miction,

37 Granulés reconstituants et diurétiques dont la recette est en accès libre sur Internet

comme le cancer, en fait. Donc pourquoi ne pas essayer un traitement pour décongestionner la prostate dans un premier temps, une à deux semaines ?

Cela semble être un conseil frappé au coin du bon sens, car si avec ce simple traitement à l'hydrate de magnésium et aux granulés diurétiques, le problème est réglé, cela évite des investigations douloureuses. Je rappelle que le livre de Martin du Thiel est disponible sur Internet, libre de droits et ses préparations aussi.

Plus récemment, il a été remarqué que le secret des centenaires du Costa Rica pourrait être dû, en partie, à une eau largement magnésiée, très répandue là-bas.

LE SOUFRE, LE CALCIUM ET LE MANGANÈSE

Voilà une trilogie chère à toute sorcière digne de ce nom.

Philippe Perrot-Minnot est un ingénieur géologue, spécialiste de chimie organique, qui a travaillé dans le secteur pétrolier. Très vite, il rapproche la chimie organique de la croute terrestre de celle du corps humain. Il constate la similitude entre la composition de la croute terrestre et celle du corps humain. Il explique remarquablement bien le rôle des éléments chimiques dans le corps humain. Par exemple le calcium est un métal indispensable au bon fonctionnement des tissus blancs, tels le cerveau, le système endocrinien, les cellules gliales (autour du système nerveux) et le métabolisme osseux. C'est lui qui conditionne leur oxygénation. Il est stocké dans la matière osseuse du squelette. Il fonctionne très bien avec le soufre. Il y a très longtemps, j'avais entendu Philippe Perrot-Minnot dire que les problèmes de douleurs osseuses, ou d'arthrose en général, réagissaient très bien à un bain de pieds ou de mains préparé avec 4 cuillères à soupe de plâtre et de l'eau chaude. Le plâtre est composé de soufre et de calcium. Si la douleur est située ailleurs, il préconise de couper un morceau de bande de plâtre, de le tremper dans l'eau et de le poser un moment sur la zone douloureuse. Autrefois, les membres fracturés étaient plâtrés. Cela participait à leur régénération grâce à ces éléments bien sûr, et à l'immobilité. De nos jours les mêmes membres fracturés sont enveloppés dans un mélange acrylique, qui durcit et immobilise le membre.

Philippe Perrot-Minnot préconise l'usage d'un galet de soufre en légers massages sur le foie et la rate pour les problèmes viraux ou sur le visage pour estomper les acnés récalcitrantes, mais également pour d'autres applications. De fait, l'usage du soufre organique se retrouve même chez les grecs. Le MSM ou Méthyl-sulfonyl-méthane est un composé organique soufré qui est particulièrement bien toléré par l'organisme. En faire des cures orales de trois mois de temps en temps permet de chélater les métaux lourds, d'assurer la synthèse de la kératine pour assurer la croissance, la résistance et la souplesse de la peau, des cheveux et des ongles, mais également de nourrir nos articulations. Stéphanie Seneff, chercheuse au MIT[38], qualifie le soufre de « carence mal appréciée » et suggère qu'elle pourrait être au coeur des maladies cardiaques, de la fonte musculaire, et de l'altération du métabolisme du glucose.

Philippe Perrot-Minnot a bien vu qu'après 50 ans le métabolisme osseux s'affaiblit et donc l'immunité faiblit. C'est pour cela que les personnes plus âgées résistent moins bien aux virus. Il faut entretenir notre métabolisme osseux : l'exercice, le MSN, et une alimentation riche en olives noires, crucifères, oignons, jeunes animaux.

Le manganèse participe à notre métabolisme osseux, mais aussi au métabolisme des glucides et du cholestérol ; on le trouve principalement dans les fruits à coque, les produits céréaliers, les légumes secs, les mollusques et le thé.

Voilà un trio gagnant pour notre santé.

38 Massachusetts Institute of Technology

LA VITAMINE C

En 1937 Albert Szent-Gyôrgyi reçoit le prix Nobel de médecine pour sa découverte de la vitamine C, en étudiant les glandes surrénales des vaches.

De son côté, Irwin Stone, biochimiste, travaille sur la conservation des aliments. Il dépose des brevets sur l'intérêt de l'acide ascorbique dans la conservation des aliments, toujours utilisé sous le nom E300. Dès sa retraite, en 1977, il publie « The healing factor[39] » sur l'importance de la vitamine C dans l'optimisation de la santé, mais aussi comme élément de base du corps humain. Son livre est préfacé par Albert Szent-Gyôrgy prix Nobel en 1937, et par Linus Pauling prix Nobel en 1954.

La médecine orthomoléculaire est née : « on n'est pas malade par manque de médicaments mais par manque de nutriments » dit Linus Pauling.

Il s'agit de proposer des molécules biologiquement correctes, contrairement aux molécules chimiques qui leur ressemblent et interagissent avec les molécules du corps. Comme elles ne sont pas rigoureusement identiques, elles provoquent des dysfonctionnements : les fameux effets secondaires. Son champ de recherche se situe à la croisée de la génétique, de la biochimie et de la physique. On étudie les mécanismes de la cellule au niveau moléculaire. C'est une médecine scientifique, statistique, validée par des dizaines de milliers d'études. Schématiquement, une inflammation déclenche une réaction du corps, une chaleur, une douleur ou un oedème, qui fait naître des radicaux libres (grosso modo tout ce qui se termine en ite).

La vitamine C stabilise les radicaux libres (à qui il manque un électron) en leur apportant l'électron manquant.

La vie est un courant d'électrons, et la vitamine C facilite le transfert d'électrons dans le corps et plus spécialement dans les cellules. Au

39 The healing factor de Irwin Stone : le facteur guérisseur

sein de la cellule, il existe une centrale à énergie : les mitochondries qui brulent les graisses et les sucres pour libérer des énergies. Mais comme elles libèrent également des radicaux libres la vitamine C leur permet de mieux fonctionner. C'est d'ailleurs en étudiant les chèvres qui augmentaient leur niveau de vitamine C de façon importante lors d'un grand stress que Linus Pauling se demanda ce qui se passerait chez l'homme.

Ses travaux lui valurent le prix Nobel.

Le cardiologue américain, Thomas E Lévy[40], précise que la vitamine C est très efficace contre les virus qu'elle désactive, comme ceux de la poliomyélite, de l'herpès, de la variole, de la grippe, de la rage, des hépatites aigues. Elle protège également les artères de l'accumulation des plaques d'athérome, en maintenant la teneur en collagène des vaisseaux sanguins. Elle facilite aussi le travail des artères en cas d'hypertension. Une vraie panacée à prendre en permanence et avec des doses nettement supérieures à celles conseillées par la médecine, destinées juste à lutter contre le scorbut. Malheureusement notre alimentation moderne ne nous permet pas d'avoir un taux suffisant de vitamine C. Curieusement, l'être humain est quasiment le seul mammifère à ne pas fabriquer sa vitamine C.

Allan Smith, fermier de nouvelle Zélande, a 34 ans lorsqu'il contracte la grippe porcine H1N1, doublée d'une pneumonie avancée et d'une leucémie à tricholeucocytes. Il saigne du nez, de la bouche, des intestins et ne peut respirer sans l'aide d'une machine. Dans le coma depuis quelques semaines, sa famille est avertie qu'il n'a plus d'espoir de guérir et qu'il va être débranché de la machine qui le maintient en vie. Son épouse, infirmière, décide de le faire bénéficier d'un traitement radical : des injections de vitamine C en intraveineuse. L'hôpital refuse ce protocole de soins, inusuel, et après une bataille juridique menée par un grand avocat de la famille, l'autorise.

40 La panacée originelle : la vitamine C du docteur Thomas E Levy aux éditions lichen Dumestre

Allan Smith sort alors rapidement du coma et quelques semaines plus tard, il reprend sa vie, complètement guéri.

Au Japon, un an avant la catastrophe de Fukushima, les forces armées japonaises procèdent à une expérience qui s'avère prémonitoire. Elles soumettent deux groupes de souris à de fortes radiations, et supplémentent un groupe de souris à de fortes doses de vitamine C. Toutes les souris du groupe protégées par la vitamine C survivent, aucune dans l'autre groupe.

Après Fukushima, donc, le gouvernement japonais envoie sur place le docteur Atsuo Yanagisawa, chef de la médecine orthomoléculaire au Japon, afin qu'il suive médicalement toutes les personnes travaillant sur le site, ainsi que la population locale. Tous ont reçu de fortes doses de vitamine C, en général 25 grammes quotidiennement en intraveineuse, pendant 15 jours, mais également de l'acide alpha-lipoïque, du sélénium et de la vitamine E. Les résultats furent extrêmement satisfaisants. Curieusement, ni la société TEPCO, ni le gouvernement n'ont communiqué sur cette thérapie.

Il existe aux Etats Unis, dans le Kansas, une clinique dirigée par le docteur Ron Hunninghake depuis trente ans, qui prescrit de la vitamine C à haute dose. C'est la clinique Riordan à Wichita, fondée par le docteur Hugh Riordan en 1975.

Elle est mondialement connue pour l'excellence de ses traitements anti-cancer, par perfusion de vitamine C en intraveineuse, comme adjuvant au traitement classique mais plus encore. Cette vitamine C donne une belle énergie au patient et possède des propriétés antivirales, et antibactériennes bien documentées. Après plus de 40 ans de recul on ne note aucun effet secondaire.

Depuis quelques temps, également, le National Cancer Institute aux Etats Unis souligne les effets positifs de la vitamine C sur le cancer, qui permet notamment de remonter le niveau de collagène dans le corps. Ainsi, ce collagène permet de limiter les infections secondaires du cancer en « murant » les cellules cancéreuses. La vitamine C, administrée à haute dose, est utile pour bloquer la croissance des cancers du pancréas, du foie, de la prostate, des sarcomes, des ovaires et aussi dans les cas de mésothéliome malin.

Pour une utilisation quotidienne, de bien-être et en prévention, je l'utilise sous forme liposomale. Bien plus efficace, car au lieu de perdre 80 % de son efficacité dans l'estomac, elle est encapsulée dans des micro sphères de lécithine de soja et peut atteindre directement les cellules[41].

L' HYDROGÈNE

Cela fait des années que des chercheurs du monde entier s'intéressent à l'hydrogène. Un élément essentiel à la vie comme l'oxygène et disponible partout. Depuis très longtemps il est un composant du mélange gazeux des bouteilles des plongeurs sous-marins. Mais pourquoi intéresse t-il à ce point les chercheurs ?

Au sein de la cellule, l'hydrogène agit avec l'oxygène et produit de l'énergie et de l'eau. Elle permet aux mitochondries[42] de produire davantage d'ATP. Les mitochondries sont en quelque sorte la centrale énergétique de la cellule. Mieux elles fonctionnent, plus la cellule est efficiente et vit plus longtemps. Mais elles ont besoin d'hydrogène pour cela. Notre alimentation quotidienne nous en fournit peu et il se dégrade à la cuisson. Lorsqu'il arrive dans notre estomac l'acidité ambiante le détruit en quelques secondes.

Nous pouvons donc nous supplémenter en hydrogène biologique pour être en meilleure forme mais aussi pour éradiquer un large éventail de maladies.

Un laboratoire suédois avait sorti un complément alimentaire,

41 Le 30 Septembre 2017 Augustin de Livois organisa une soirée mémorable avec tous ces intervenants, autour de la vitamine C

42 Les mitochondries produisent et véhiculent l'ATP (adénosine triphosphate)

nommé active H, il y a quelques années, mais je n'ai pas retrouvé sa trace. Les Coréens ont mis au point une fontaine génératrice d'hydrogène moléculaire. C'est intéressant car l'eau ainsi filtrée nous apporte une forte dose d'hydrogène à chaque gorgée, mais c'est difficilement transportable.

C'est le Professeur Georges Birkmayer qui a réussi après 5 ans de recherches à stabiliser l'hydrogène dans une petite pastille. C'est le NADH pour hydrure de nicotinamide adénine dinucléotide : nom déposé. Il a fait valider sa découverte par plusieurs laboratoires dans le monde et il s'avère que ce NADH intervient dans plus d'un millier de processus métaboliques. Il augmente l'énergie des cellules du coeur, répare l'ADN altéré et régénère les cellules endommagées. C'est aussi l'antioxydant le plus puissant. Il rend à la cellule un électron manquant du fait du processus d'oxydation de la cellule, sans aucun déchet métabolique. Il fait baisser le taux de cholestérol et la tension artérielle en renforçant les muscles du coeur et de l'aorte. Il renforce le système immunitaire en concentrant les interleukines-6[43]. Une alternative intéressante lors de cas de maladies neurodégénératives comme l'Alzheimer, la maladie de Parkinson ou la sclérose en plaques qui reposent sur un manque d'interleukines-6 précisément. Cet hydrogène améliore la production de monoxyde d'azote et améliore la circulation du sang vers le coeur et le cerveau. C'est très important car ce monoxyde d'azote influence le système immunitaire et inhibe l'agrégation plaquettaire. En fait, il détend et dilate les vaisseaux sanguins. Je termine là mon inventaire à la Prévert, en ajoutant que des effets sur le syndrome de fatigue chronique, la dépression, la ménopause, le diabète et le cancer, ont été scientifiquement démontrés.

43 L'interleukine-6 est un produit chimique endogène qui est en activité dans l'inflammation

LES HUILES TCM (Triglycérides à Chaîne Moyenne)

Lorsque Mary Newport (1952-) apprend l'Alzheimer précoce de son mari (54 ans), elle compulse la littérature médicale sur le sujet, pour ne pas se résigner. Elle est pédiatre, spécialiste en néonatalogie. Elle se remémore rapidement quelques indices qui auraient dû l'alerter sur la genèse de la maladie de son époux : difficultés de concentration, dépression profonde et une envie addictive de sucre.

Elle découvre, par hasard, le communiqué de presse d'une petite société de biotechnologie, nommée ACCERA, qui tente d'obtenir l'agrément de la FDA[44]. Le but de ce médicament est d'améliorer la mémoire, et les résultats sont stupéfiants chez les malades souffrants d'Alzheimer. Selon la définition de francealzheimer.org, c'est une affection du cerveau, dite neurodégénérative, car elle entraîne une disparition progressive des neurones. Il existe 2 types de lésions au niveau du système nerveux central :

- la dégénérescence neuro fibrillaire : c'est l'apparition au sein des neurones d'anomalies de la protéine Tau
- les plaques amyloïdes ou « plaques séniles », la protéine béta-amyloïde se dépose en dehors des neurones.

L'OMS indique que 50 millions de personnes sont atteintes de démence dans le monde et 152 millions à l'horizon 2050, parmi lesquelles 60 à 70 % seront atteintes de la maladie d'Alzheimer. Le nombre double tous les 20 ans et cela coûte 1 % du PIB mondial. Le vrai problème est celui de la détection qui devrait se faire le plus tôt possible, pour stabiliser la maladie.

Concrètement, l'étude du mécanisme d'absorption du glucose a permis de découvrir que le cerveau produit sa propre insuline pour transporter le glucose qui se trouve dans le sang, un aliment nécessaire à sa survie. Les patients atteints d'Alzheimer ont des parties du cerveau

44 Food and Drug Administration

qui s'atrophient, ou meurent de faim, ce qui induit un fonctionnement déficient : perte de mémoire, de la parole. Les patients diabétiques ont d'ailleurs 65 % de risques supplémentaires de contracter cette maladie. Le docteur Suzanne Del Monte et ses collègues ont découvert, en analysant le cerveau de patients décédés d'Alzheimer, que le taux d'insuline et les facteurs liés à la production et à l'utilisation de l'insuline sont considérablement réduits. Toutes les voies de transduction de signal servant à l'utilisation de l'énergie sont anormales et le fonctionnement mitochondrial est anormal. Ils ont nommé cette maladie, diabète 3.

Revenons à Mary Newport qui poursuit ses recherches et découvre alors qu'il existe une autre façon d'alimenter les mitochondries : les triglycérides à chaîne moyenne. Ces graisses à chaînes moyennes ne sont pas métabolisées comme des graisses à chaînes longues qui sont, elles, mélangées à la bile sécrétée par la vésicule biliaire, avant d'être métabolisées par le système digestif. Les TCM vont directement dans le foie qui les transforme en cétones, évitant ainsi la bile. Le foie libère immédiatement ces cétones dans le sang d'où elles sont transportées dans le cerveau comme source d'énergie. Mary Newport explique très bien que ces cétones peuvent être très bénéfiques aux patients atteints de maladie de Parkinson, de sclérose en plaques, d'épilepsie réfractaire, de diabète 1 et 2, bref dès qu'il y a une résistance à l'insuline. Les cétones peuvent également aider à récupérer après un manque d'oxygène chez le nouveau-né ou l'adulte. Ils peuvent renforcer le muscle cardiaque après une attaque grave, et ils peuvent réduire la taille des tumeurs cancéreuses.

Mary Newport découvre alors que les TCM représentent 60 % de l'huile de noix de coco. Elle rencontre surtout un médecin étonnant, le docteur Veech, qui travaille depuis longtemps sur les cétones et qui est en passe de développer un esther cétonique, plus facile à utiliser. J'ai essayé un jour de prendre une cuillère à soupe d'huile de coco : beurk, des nausées pendant 5 heures…

La bonne nouvelle est qu'il existe une autre source de cétones : le jeûne. Après trois jours de jeûne, les cellules ont dévoré tout le glucose à disposition dans le corps et puisent dans les réserves, les graisses stockées, des cétones, utilisées comme source d'énergie à la place du glucose. A propos du jeûne, qui se pratique depuis la nuit des temps, Thierry de Lestrade a réalisé pour Arte un documentaire passionnant et très grand public et a écrit un livre sur le sujet[45]. La première fois, il est important de se faire accompagner mais surtout de bien en comprendre le mécanisme pour se tenir à ce choix.

Thomas Seyfried, Ph D, professeur de biologie à l'Université de l'Illinois à Urbana Champaign, principal chercheur en régime cétonique, a expérimenté avec succès ce régime sur les cancers du cerveau. Sur le glioblastome, la tumeur a pu rétrécir de 80 %, après une période relativement courte, en suivant ce type de régime. Il suffit d'éliminer les céréales et les hydrates de carbone en général pour accroître la production de cétones. L'organisme utilise alors les graisses à la place des hydrates de carbone. Le sport permet également de renouveler son stock de cétones.

Mary Newport préconise l'huile de noix de coco comme source de TCM, pratique à cuisiner, car très stable à la cuisson. Elle recommande également d'augmenter les prises de vitamine B12, qui aurait un effet certain sur les risques d'Alzheimer. Profitons de sardines, de foie de veau bio, de saumon sauvage ou d'oeufs bio, qui peuvent nous en fournir quotidiennement. Enfin, elle nous met en garde contre le sucre et les céréales qui sont les principaux coupables de la résistance à l'Insuline, cause majeure de lésions cérébrales, car ils contribuent fortement à l'inflammation qui induit une dégénérescence du cerveau. Attention, le régime cétonique doit se faire sur une certaine période.

45 Le jeûne, une nouvelle thérapie ? de Thierry de Lestrade, Arte éditions

LES HUILES ESSENTIELLES

Pour moi, c'est vraiment l'incontournable de la palette de la sorcière moderne, qui a moins le temps de préparer elle-même ses philtres. La sagesse populaire vante leurs mérites depuis toujours et j'en utilise quotidiennement avec succès pour les petits bobos du quotidien : migraines, infections, piqûres de bestioles diverses. J'ai compris récemment pourquoi cela fonctionnait si bien.

C'est Otto Warburg (1883-1970), prix Nobel de médecine en 1931 pour sa découverte de processus clefs de la respiration cellulaire et de différents systèmes enzymatiques, qui explique que les cellules humaines ont une tension électrique. Certaines fréquences peuvent prévenir le développement de la maladie, mais d'autres détruisent les maladies. Des substances de hautes fréquences, telles les huiles essentielles, peuvent détruire des maladies de fréquences inférieures. Déjà le génial pionnier, visionnaire, Nikola Tesla (1856-1943) expliquait qu'en diminuant certaines fréquences extérieures qui interfèrent avec notre corps, il est facile de développer une plus grande résistance vis à vis de la maladie. Nikola Tesla avait aussi développé une thérapie par l'ozone avec l'usage d'un rayon violet et des champs électromagnétiques pulsés, qui seront abordés plus loin.

Notre corps en bonne santé a une fréquence de 62 à 68 MHz. La maladie commence à 58 MHz. Une pensée négative fait chuter ce niveau de 12 MHz et des pensées positives l'augmentent de 10 MHz. Dans le cas du cancer, par exemple, le code de l'ADN dans le noyau de la cellule est endommagé. On dit alors qu'il y a une mauvaise réplication de l'ADN. Or certaines huiles essentielles permettent de remettre le bon code ADN. Comprenons bien que l'huile essentielle, ici l'huile essentielle d'encens Oliban, sépare le « cerveau » de la cellule cancéreuse- le noyau- du corps, le cytoplasme et ferme le noyau pour stopper la reproduction des codes ADN corrompus. L'Université d'Oklahoma fait des recherches intéressantes sur ce sujet et a testé avec succès cette HE Encens Oliban pour ses propriétés anti cancéreuses. C'est d'autant plus intéressant que les fréquences des huiles essentielles ont été mesurées : HE de rose 320 MHz, le record absolu. Puis vient l'HE d'hélichryse qui vibre à 181 MHz et HE d'encens Oliban à 134 MHz. Dans certains cas de cancer du sein, les chercheurs de cette université ont associé cette HE d'encens Oliban à de l'HE de citronnelle, en massage sur la poitrine tous les jours.

Évidemment, ces soins à base d'HE dans les cas de cancers sont à utiliser en complément d'autres thérapies. L'intérêt de ces HE réside dans leur biodisponibilité. Certaines ne s'utilisent qu'en massages, d'autres peuvent s'ingurgiter avec un peu de miel ou d'huile, mais pas pure pour éviter d'agresser l'oesophage. Il suffit d'en avoir trois ou quatre dans son sac pour pallier de nombreux petits problèmes quotidiens. L'HE de menthe poivrée fonctionne très bien pour les petites migraines, de petits désagréments digestifs, et des piqûres d'insectes, l'HE de tea tree pour tous les problèmes infectieux, et l'HE de lavande vraie pour atténuer un grand stress, ou tout simplement favoriser l'endormissement, l'HE de gaulthérie couchée qui soulage instantanément les problèmes musculaires ou d'articulations. Il existe aussi les HE plus spécialisées, telle l'épinette noire du Canada cortisone like, semblable donc à la cortisone mais sans les effets secondaires. Appliquée sur la zone enflammée, elle fait des merveilles. Par exemple sur un problème de canal carpien débutant, elle soulage réellement, voire davantage.

Pour les femmes, il existe une HE exceptionnelle : L'HE géranium Bourbon. L'ile Bourbon (Ile de la Réunion) en fût longtemps le premier producteur. Elle servait de base à tous les grands parfums, mais ceux-ci ont augmenté la part chimique des fragrances et cela peut donner des allergies. Comme cela m'est arrivé, je n'utilise que des HE dont celle de géranium Bourbon.

Je ne peux passer sous silence la superbe huile de ricin. Une petite plante banale, discrète qui fit connaître son huile pour ses vertus laxatives. Mais c'est le plus grand médium connu, Edgar Cayce (1877-

1945), qui, lors de ses « lectures », dans un état de conscience modifiée, conseilla cette huile magique. Nous connaissons parfaitement son usage en cosmétique pour faire pousser les cheveux et les cils, les ongles mais également sur la peau. Edgar Cayce préconise des cataplasmes d'huile de ricin chaude sur les zones douloureuses, avec une bouillotte dessus pour amplifier l'effet chaleur : douleurs musculaires, douleurs des règles ou d'estomac.

Voilà quelques clés qui vous permettront d'être en bonne santé. Beaucoup sont initiées par de grands chercheurs proches des sorcières. Il y a toujours plusieurs alternatives pour guérir nos maux. A nous d'être ouverts, curieux.

La grande force des sorcières est d'être ouvertes au monde visible et invisible, aux forces telluriques et aux mystères des plantes. Je suis convaincue que ce cheminement est le début de la guérison. Il est conseillé de l'entamer seul, et de se faire aider ensuite. C'est ce déclic personnel, cette prise en main de notre santé qui nous donnera le recul suffisant pour suivre la voie qui nous convient le mieux, et nous l'approprier intellectuellement et biologiquement. Grâce à Internet, tout s'ouvre à nous, et les voies sont multiples. Mais il faut être vigilants sur les sources d'informations car beaucoup de laboratoires financent des blogueurs et des infos. Evidemment, tout cela prend davantage de temps que d'avaler une pilule. Il n'y a pas de panacée mais des règles de base que j'essaie de développer pour vous dans cet opus. Chacun de ces chercheurs détient une parcelle de vérité qu'il essaie de partager. L'importance de l'alimentation et de la micro nutrition, du mouvement, du sport, de la respiration, d'une attitude positive face à la vie, d'un rapport plus fusionnel avec la nature. Justement, statistiquement, les individus qui jardinent vivent plus longtemps en bonne santé. Les études des populations de centenaires dans les zones bleues, et particulièrement à Okinawa, proposent de suivre toujours les mêmes fondamentaux. Respect des personnes âgées et importance de leur statut dans la transmission, alimentation sobre et fléxitarienne avec abondance de légumes et de légumineuses, un peu de poisson, du porc une fois par semaine et très peu de viande en général. Des activités en extérieur pour que chaque centimètre de notre corps reçoive le plus possible de vitamine D : visage, bras et cheveux au minimum. On peut noter à peu près les mêmes composantes dans le régime méditerranéen.

Peut-être que l'avenir de la médecine passe par un changement complet de paradigme. Il existe depuis quelques temps mais nous ne l'avions pas vu. D'ailleurs tous les domaines de la société changent de paradigme. Nous découvrons le partage à l'échelle d'Internet avec blablacar, Airbnb, leboncoin, etc, et nous quittons l'ancienne économie fondée sur le travail et les matières premières, des communications lentes, pour assister à l'émergence d'une nouvelle économie dématérialisée, portée par l'information et la spéculation immédiate. Les vrais gagnants de cette économie seront les êtres porteurs d'idées, de créativité et d'imagination. Presqu'une définition de sorcière. Nous commençons à revoir notre lien avec l'environnement, et plutôt que de le soumettre nous commençons à coopérer avec lui. Le succès de la permaculture en est un marqueur intéressant ainsi que les expériences de Findhorn dans les années 70 ou plus récemment les jardins cocréatifs de Pérélandra aux Etats Unis.

En biologie, une des percées intéressante résulte des travaux de Bruce Lipton, auteur de « la biologie des croyances ». Ce chercheurs américain, auteur de livres aussi intelligents que novateurs, nous explique que nous pouvons changer notre biologie en modifiant notre façon de penser. Il est un des premiers à avoir développé le concept d'épigénétique que tous acceptent maintenant.

Les progrès de la physique nous propulsent dans un monde totalement différent. Beaucoup de physiciens travaillent sur les champs électromagnétiques. Nassim Haramein par exemple qui développe des théories étonnantes : la structure de l'espace créerait notre conscience. Et c'est encore le docteur Laurent Schwartz qui travaille avec un physicien Vincent Fleury et découvre que l'arborescence des réseaux hydrographiques et ceux des vaisseaux sanguins repose sur le même principe. Nos vaisseaux sont sculptés par le flux sanguin alimenté par le coeur à chaque battement. Les deux arborescences ne se terminent jamais en cul-de-sac. C'est lié à la gravité. L'idée de départ est de pouvoir expliquer les formes du cancer, que l'on dit stellaires, et que nos deux chercheurs situent dans le processus physique de la pression. Laurent Schwartz en proposera plus tard une nouvelle classification de familles de maladies.

Mais concentrons-nous sur la médecine et sa grande révolution en cours, qui fera l'objet de la deuxième partie. Ce sera surtout des ondes électromagnétiques qui soignent : Georges Lakhovski, Hulda Clark, mais aussi Joël Sternheimer pour la découverte des protéodies qui guérissent grâce à la musique des protéines.

Encore une histoire de longueurs d'ondes!

IIe PARTIE

DES SECRETS DE SORCIÈRES AUTOUR DE L'ÉNERGIE

Parce que ces secrets n'en sont guère, puisqu'il suffit juste de se reconnecter à la nature, dont nous sommes une forme d'extension. Cette non-séparation pourrait être le secret d'une santé juste et parfaite.

Abordons maintenant les secrets de l'énergie, dont tout le monde parle depuis des siècles. Cela nous conduira doucement vers un monde insoupçonné, révélé par la physique quantique. En 1919 déjà, Henri Bergson[46] affirmait qu'il existe une énergie spirituelle ainsi qu'une énergie électrique. Il était membre de l'institut métapsychique de Paris, très discrètement. Les Grecs avaient bien baptisé la divinité primordiale « Ether ». Au XVIe siècle, le médecin suisse et alchimiste Paracelse accorde une grande importance à la force vitale, que tout médecin digne de ce nom se doit d'activer en supprimant tout ce qui entrave son action. Mais d'où vient cette force vitale qui existe partout ?

46 Philosophe français 1859-1941.

I. L'OLOM de GEORGES LAKHOVSKI

Dés 1920, Georges Lakhovski[47] (1870-1942) consacre ses travaux scientifiques à l'étude des ondes électromagnétiques. Pour lui, tout être vivant émet et reçoit des radiations électromagnétiques, et il est soumis aux variations du champ des ondes cosmiques, telluriques ou atmosphériques.

Observez que les pigeons voyageurs sont perturbés par la proximité d'un émetteur radio. Georges Lakhovski étudie les données solaires (tempêtes magnétiques provoquées par les éruptions solaires) depuis 1848 et les rapprochent des variations de la qualité des vins de Bordeaux. Il y a une véritable influence de ces processus cosmiques et beaucoup de grands crus de vins de Bordeaux sont travaillés en biodynamie qui inclut les influences lunaires.

C'est en étudiant la cytologie qu'il conceptualise l'oscillation de la cellule. Selon lui, « toute cellule est un circuit électromagnétique oscillant qui émet et reçoit des ondes qui régulent ses processus ». Toute cellule vivante possède un noyau qui baigne dans le protoplasme, et dans ce noyau se trouvent de nombreux filaments : les chromosomes, porteurs d'informations génétiques. En dehors du noyau de la cellule existent des filaments plus petits : les chondriomes.

Ces deux sortes de filaments sont en réalité des tubes ultramicroscopiques contenant un sérum proche de l'eau de mer et donc conducteur d'électricité. Pour mémoire, René Quinton rapproche le plasma marin du plasma sanguin.

Pour Lakhovski, ces filaments de la cellule sont des circuits oscillants ultra microscopiques qui peuvent osciller électriquement sur une très large gamme de longueurs d'ondes très courtes.

47 Ingénieur des Arts et Métiers, il suit des cours aux Beaux-Arts, mais aussi aux Ponts-et-Chaussées et en médecine

Mais pour osciller, la cellule a besoin d'une énergie rayonnante. C'est là qu'il pense aux ondes cosmiques. Il crée en 1923 un petit appareil : un radio-cellulo-oscillateur, qui donne des résultats prometteurs. Si un organe est atteint, malade ou infecté, la résonance de ses cellules baisse. Donc son appareil doit générer un large spectre de fréquences pour que les cellules atteintes reconnaissent leur propre fréquence et qu'à nouveau, elles vibrent dans leur propre fréquence de résonance. De ce fait la maladie disparaît. C'est même au-delà de la guérison puisque s'opère alors une véritable régénération cellulaire. Cela veut dire que les cellules irrémédiablement détruites ou perdues sont remplacées par des cellules semblables. Cela se fait d'une façon très naturelle, car elles sont remises dans leur propre fréquence et le corps revient au mieux de sa forme. Mais en fait « c'est l'organisme lui-même qui, du fait de sa vitalité renforcée par l'optimisation des cellules, résiste et détruit les agents pathogènes sans endommager le tissu vivant. Les virus, qui ont une structure cristalline, peuvent alors être éradiqués par leur propre fréquence ». C'est aussi l'approche d'Hulda Clark avec le zapper et d'autres chercheurs.

Cette fois ci, c'est pour soigner sa fille qui souffre de douleurs abdominales, qu'il améliore son appareil. Pour couvrir un plus large spectre de pathologies, il invente l'oscillateur à ondes multiples. Les premiers essais sont assez limités. Or, il sait que les cellules ou groupes de cellules ne s'accordent pas toutes avec la longueur d'onde créée par son appareil. En revanche, un circuit oscillant alimenté par un courant à haute fréquence lui permet de produire d'innombrables harmoniques, qui couvrent donc un plus grand nombre de pathologies.

C'est cette thérapie par résonance sur laquelle travaille également Royal Rife[48]. Ce dernier conseille à Georges Lakhovski de se rapprocher de Nikola Tesla. Il connaît ce génie absolu et sa découverte du courant alternatif.

---

48 1888-1971 Ingénieur génial mais décrié qui invente une thérapeutique électronique très originale à l'époque mais contraire à la doxa du moment

Entre 1920 et 1930, une trentaine de milliers d'appareils « oscillateurs à ondes multiples OLOM » sont en service dans le monde : à l'hôpital de la Salpétrière à Paris dans le service du professeur Gosset ou encore à l'hôpital du Val de Grâce ou à l'hôpital Saint Louis, également en Italie, en Angleterre, en Allemagne, en Amérique Latine.

Le service du professeur Gosset s'intéresse aux maladies incurables et les résultats sont stupéfiants. Il guérit notamment une femme de 82 ans atteinte d'un épithélioma[49] de la partie supérieure de la joue gauche de 3 cm de largeur sur 6 cm de hauteur, allant jusqu'au cuir chevelu, sur lequel tout avait été tenté. Nous sommes en 1932 et cette femme a d'abord été soignée avec du radium. Ses tumeurs se sont résorbées rapidement, en un mois, grâce à l'OLOM.

Lakhovski n'a qu'un but. Il souhaite guérir les maladies dégénératives et les cancers dont la leucémie. On lui a reproché de ne pas avoir consigné ses résultats. Par humilité, il préférait annoncer ses résultats à l'Académie de médecine qui, elle, ne pouvait pas s'intéresser à un simple ingénieur. Il fût néanmoins reconnu à son époque et obtint le prix international de médecine à Vienne en 1939.

Reprenons cette approche cellulaire, comme le fît également le docteur André Gernez. La cellule oscille donc et rétablit sans cesse un équilibre électromagnétique. Parfois l'oscillation cellulaire cessera par manque de fer et de phosphore dans le cytoplasme et la cellule meurt. Sur l'importance du fer dans le cycle cellulaire vous pouvez vous reporter aux travaux de Mirko Beljanski[50](1923-1998) et plus proche de nous à ceux du docteur Thaddeus Nawrocki, qui a participé à ces recherches. La cellule meurt donc, et cela fait partie du cycle normal, c'est l'apoptose et les cellules mortes sont éliminées.

Mais si, par malheur, subsistent des chondriomes qui continuent à

49 Cancer de la peau

50 Docteur en biologie, chercheur au CNRS, il passa dix ans à l'Institut Pasteur. Il fût un des premiers chercheurs biologistes moléculaires à s'intéresser aux ARN. Chercheur génial dont le laboratoire fût saccagé

osciller à leur fréquence propre dans la cellule morte, et s'ils s'entourent d'une membrane et se multiplient indépendamment de la cellule morte, ils deviennent eux-mêmes des cellules cancéreuses (néoplasiques).

Lorsque Lakhovski découvre que l'oscillation de la cellule prend fin à cause d'un manque de fer ou de phosphore, il propose une nutrithérapie. C'est très novateur à l'époque. Ou alors, la cause peut résider dans les variations électromagnétiques de la cellule et « il faut appliquer à la cellule une oscillation forcée » grâce à l'OLOM.

En 1928, le docteur Anastas Kotzareff publie une thèse à Paris sur le traitement par les ondes de malades atteints de cancers incurables, inopérables et abandonnés. Il cite aussi Lakhovsky comme étant le premier à avoir appliqué les ondes magnétiques de grandes fréquences. « Les ondes courtes de quelques mètres de longueur paraissent capables d'exercer sur les tumeurs une action inhibitrice et nécrosante particulière ».

Jean Louis Portes soutient sa thèse de médecine en 1984 sur « La vie et l'oeuvre de Georges Lakhovski » et il relate ces cas et bien d'autres. Une thèse qui fait grand bruit et est présentée par Etienne Guillé, professeur agrégé en biochimie et en physiologie, et chercheur au CNRS. Il est l'auteur notamment d'un livre original remarquable « le langage vibratoire de la vie, l'alchimie du corps humain ». Il y explique notamment la mauvaise réplication de l'ADN comme induction du cancer, mais également l'importance des signatures vibratoires de certaines plantes, comme le gui par exemple, qui pourrait guérir nombre de cancers, et que la médecine anthroposophique applique avec succès. J'adore les digressions mais c'est toujours pour mieux comprendre un sujet précis. Le gui est une plante amie des sorcières, mais aussi des druides qui la considéraient comme la plante la plus sacrée de leur pharmacopée. Ils cueillaient le gui avec une serpe d'or et le transportaient dans un linge blanc. Cette cueillette avait lieu à certaines périodes de l'année, en accord avec le cycle lunaire.

Il était recommandé pour soulager des problèmes d'hypertension. Attention : les baies sont toxiques et seules les feuilles se consomment en tisane ou en cataplasme. Les sorcières modernes se rapprochent des médecins anthroposophes pour le conseiller. Le principal remède issu du gui est le viscum album : l'ISCADOR. Il est principalement prescrit contre le cancer. Mais la subtilité de cette médecine peu commune est qu'un gui de chêne sera prescrit à un homme, alors que le gui de pommier à une femme. Évidemment, cette médecine est fortement contestée, comme souvent les médecines énergétiques. C'est dommage car personne ne cherche à les opposer, elles se complètent parfaitement.

Etienne Guillé, malgré son pedigree, a souvent été empêché de communiquer sur ses recherches.

C'est David Wilcok qui explique très bien comment les molécules de sucre tournent en spirale dans le sens des aiguilles d'une montre et absorbent l'énergie du champ unitaire au lieu de le laisser fortifier notre ADN, qui a besoin des photons de la lumière pour préserver son intégrité. Le professeur Kozyrev en conclue que ces molécules droitières absorbent le flux temporel et le ralentissent. Ce qui occasionne de la fatigue. En revanche, les molécules de sel tournent en sens inverse des aiguilles d'une montre et renforcent ce flux d'énergie. Si vous voulez développer votre énergie, évitez le sucre...

Lors du congrès international des ondes courtes, en physique, biologie et médecine, du 12 au 17 Juillet 1937 à Vienne (Autriche), Georges Lakhovski intervient : « depuis 1931, j'ai commencé les applications de cet oscillateur à ondes multiples dans divers hôpitaux de Paris... Parmi les nombreuses guérisons que j'ai obtenues avec ce traitement, je signalerai notamment celles de divers cas de cancers sur lesquels les rayons X et le radium avaient complètement échoués. Les sujets guéris depuis six ans, n'ont eu aucune récidive et se portent bien à l'heure actuelle. Dans tous les cas pathogènes, le traitement donne de bons résultats. Ne s'attaquant pas aux microbes directement, il ne détruit pas les tissus vivants. Mais au contraire, il renforce la vitalité de l'organisme par l'accélération de l'oscillation cellulaire. C'est donc la résistance de l'organisme ainsi renforcé qui lutte victorieusement contre le microbe et toute cause pathogène. Ainsi, contrairement aux rayons X et au radium à la fois, les microbes, les cellules néoplasiques et les tissus sains – ce qui explique d'ailleurs tous les accidents graves qui surviennent après ces traitements- les radiations hautes fréquences (ondes courtes) appliquées à distance et sans effet thermique, guérissent les maladies de toutes sortes ».

Lors de ce même congrès, le professeur De Cigna de l'Université Royale de Gênes communique : « c'est depuis 1934 que je m'occupe de l'étude de l'oscillateur à ondes multiples de Lakhovski et les cas soumis à cette méthode spéciale de traitement atteignent aujourd'hui quelques centaines… je dois admettre, à la suite d'expériences que j'ai faites, que l'OLOM fournit dans ce domaine un excellent moyen de traitement, avec des résultats d'une rapidité parfois inespérée et durable ».

Au faîte de sa gloire, Georges Lakhovski a publié 25 livres dont « L'origine de la vie », se doutant que c'était le seul moyen de laisser une trace de ses travaux. Il a été soutenu par Jacques Arsène d'Arsonval (1851-1940), grand scientifique qui succède à Claude Bernard au Collège de France, et qui fit lui-même de grandes découvertes : l'activité électrique des muscles, la thérapie par les courants à haute fréquence.

En 1941 il part aux États Unis, car sa sécurité est menacée après la publication en 1939 de « La civilisation et la folie nazie ». Un hôpital de new York organise un essai clinique avec l'OLOM sur des maladies incurables, avec succès. Malheureusement il est renversé par une voiture, demande à être ramené chez lui, ce qui lui est refusé et il décède peu après. Alors le grand voile de l'oubli s'étend sur son oeuvre et ses OLOM sont consciencieusement détruits, les plans disparaissent et les essais cliniques stoppés.

Il existe de nombreux successeurs de Lakhovsky qui développent des appareils à résonance électromagnétiques. Je pense au EFM-BEMER à basse fréquence électromagnétique pulsée, au polar cleaner de Michel Dogna qui détoxe les cellules par de simples polarisations électriques alternatives, aux appareils à énergie scalaire comme le Spooky 2, issu des travaux de Royal Rife.

Au fond, ce qui réunit tous ces chercheurs est la focale qu'ils mettent sur la cellule. En effet, c'est la brique de base de l'être humain.

2. JOEL STERNHEIMER ET LES PROTÉODIES

Comme les sorcières avant lui, il ne comprend pas « que l'on violente la nature et que l'on divise la matière. Nous devons connaître les liens subtils, les connexions invisibles qui régissent le vivant ». Toutes ses recherches tentent de démontrer ce lien puissant.

Joël Sternheimer représente pour moi le chercheur génial qui découvre la musique des particules. Cela peut sembler bien étrange, mais les applications sont abyssales et pourraient révolutionner notre vie quotidienne.

Né en 1943, Joël Sternheimer étudie la physique théorique auprès de Louis de Broglie (prix Nobel de physique en 1929) pour sa découverte de l'aspect ondulatoire des électrons. Ce dernier l'envoie à l'Université de Princeton pour approfondir ses recherches sur l'approche ondulatoire des particules élémentaires, auprès de Robert Oppenheimer.[51] Joël Sternheimer termine son doctorat de physique théorique en 1966, mais l'administration américaine, embourbée dans la guerre du Vietnam, réoriente ses crédits vers des laboratoires spécialisés dans la fabrication d'armes et le poste qui lui était destiné est supprimé.

Robert Oppenheimer lui souffle alors l'idée de conserver son indépendance financière pour mener les recherches de son choix. Il devient chanteur de charme, sous le pseudonyme d'Evariste (Evariste Galois (1811-1832), mathématicien génial décédé à 20 ans lors d'un duel), continue ses recherches à Princeton jusqu'en 1971, et y soutient une thèse sur « la Physique des particules ». Il compose une quinzaine de disques, entre autres « Connais tu l'animal qui inventa le calcul intégral ? » Et obtint de jolis succès qui lui permirent de poursuivre ses recherches grâce à ses droits d'auteur.

51 1904-1967 Surnommé le père de la bombe H car il fût directeur scientifique du projet Manhattan

Dans les années 80, il découvre que chaque particule de matière est associée à une gamme musicale. Pour lui, chaque organisme vivant serait traversé par des fréquences d'harmoniques permettant aux cellules de communiquer entre elles.

C'est le processus de synthèse des protéines qui assure la croissance et l'équilibre de tout être vivant. Louis de Broglie avait déjà énoncé cette grande loi de la nature qui attribue à toute masse une fréquence d'ordre quantique. L'apport de Joël Sternheimer s'est exprimé surtout sur les ondes d'échelle. Il a appliqué ses découvertes aux particules élémentaires. Il a découvert alors que les fréquences de leurs ondes d'échelle sont réparties selon les mêmes intervalles que la gamme musicale. Grâce à une belle soeur biologiste, il s'immerge dans cette nouvelle matière pour lui et transpose ces ondes d'échelle aux acides aminés. En effet, c'est au cours de la construction d'une protéine que les acides aminés émettent une onde d'échelle spécifique. On calcule alors la fréquence et… la succession de ces fréquences est HARMONIEUSE. On peut parler de mélodie, si on la rend audible à l'oreille humaine. C'est un phénomène de résonance qui amplifie l'expression du gène correspondant et peut donc le stimuler ou l'inhiber.

Concrètement, Joël Sternheimer conçoit la protéodie stimulante correspondant à la séquence d'acides aminés de la protéine TAS 14 (Tomato Anti Sécheresse). Cela va aider les plants de tomates à mieux se défendre contre la sécheresse. Tous les jours, pendant trois minutes, grâce à un radio cassette (nous sommes en 1994), il diffuse cette protéodie à une partie des plants pour stimuler cette TAS 14 pendant deux semaines. L'autre partie des plants de tomates ne recevaient que de l'eau. Le résultat fût remarquable. Les plants de tomates ayant reçu la protéodie était bien verts contrairement aux autres qui n'avaient reçu que de l'eau.

Des industriels Sénégalais décidèrent de renouveler l'expérience pendant la saison sèche dans leur pays. En juillet 1996 l'on sépara un jardin de plants de tomates en deux parties. Une partie recevait de l'eau une fois par jour et trois minutes de protéodie TAS 14, et l'autre partie de l'eau deux fois par jour.

Les résultats furent impressionnants puisque la partie qui fût arrosée deux fois par jour eût des plants de 1 mètre de haut et de petites tomates, assez attaquées par des insectes, alors que la partie du jardin ayant reçu la protéodie TAS14 a vu grandir ses plants de tomates à un mètre soixante donnant plus de 20 fois plus de tomates, indemnes d'attaques d'insectes.

Dans une autre expérience, il proposa de soigner des ceps de vignes attaqués par une maladie, l'ESCA, qui ravage ses derniers en bloquant la sève. La protéodie choisie par Joël Sternheimer dans ce cas, pendant tout le cycle végétatif, permit d'éradiquer la maladie et à tout le moins de la rendre moins agressive : 50 à 95 % de réussite.

Voilà un grand principe de sorcière : la co-création avec la nature. Ne pas éradiquer les insectes et autres parasites ou champignons pour en finir avec les effets secondaires. Il s'agit de coopérer avec la nature. Cela renvoie les OGM au néant. Il est tellement important de connaître les liens subtils, les connexions invisibles qui régissent le vivant.

Une autre expérience permit aux vaches d'écouter la protéodie de la prolactine, qui augmenta de façon significative la production de lait et sa qualité. Mais il faut être très vigilant car cela peut aussi provoquer l'inflammation des pis. Le plus intéressant est que cette protéodie est contenue dans des passages de morceaux de Mozart. D'autres expériences avaient conclu que les musiques de Bach ou de Mozart favorisaient la croissance des plantes. Tandis que des musiques de type hard rock ou heavy metal abimaient les plantes.

Cela pourrait fonctionner pour les humains, mais la méthode est si subtile que les dérives ne sont jamais loin. Joël Sternheimer a tenté des expériences très intéressantes. L'épouse d'un de ses amis était fortement anémiée, par manque d'hémoglobine. Il composa la protéodie d'hémoglobine et la lui fit écouter trois fois. Immédiatement cette femme se sentit mieux et l'analyse de sang conclut à une formule sanguine rétablie. Joël s'amusa à composer la protéodie de l'endorphine[52], ou morphine naturelle. Il se sentit alors complètement amorphe, planant, et se dépêcha de créer une protéodie symétrique pour le booster.

Dans un premier temps, nous serions heureux d'avoir accès à la protéodie qui stimule juste l'immunité, une piste à suivre. Les brevets de Joël Sternheimer sont déposés depuis août 2007, après de longues batailles juridiques. La nouveauté dérange toujours. C'est la société GENODICS qui commercialise ses brevets.

52 Neuropeptide opioïde endogène ou morphine endogène : contribue au bien-être ; le sport permet une forte sécrétion des endorphines

3. LA MÉDECINE PRÉFÉRÉE DES SORCIÈRES : L'HOMÉOPATHIE

Même si l'homéopathie utilise souvent les plantes, elle est différente de la phytothérapie, qui utilise des extraits végétaux fortement concentrés. Les sorcières n'ont guère plus le temps d'arpenter les montagnes ou se perdre dans les sousbois pour ramasser leurs plantes. Encore que les stages de découverte de plantes sauvages se multiplient. Les vertus des pissenlits, des orties font l'objet de livres passionnants[53]. Les plantes sauvages développent une immunité formidable, car elles ne peuvent pas bouger en cas d'agression. En les consommant, elles nous transfèrent cette immunité. Elles aident également à la repousse des télomères[54]. En effet, ils raccourcissent avec l'âge, le stress et l'inflammation. Les prolonger serait une excellente tactique anti-âge et anti-maladies. Elizabeth Blackburn a obtenu le prix Nobel de médecine en 2009, pour les avoir découverts.

C'est Samuel Hahnemann, médecin allemand (1755-1843), qui conçut l'homéopathie. Il s'est dans doute inspiré de Paracelse qui avait dit « nous enseignons que ce qui guérit l'homme peut également le blesser et que ce qui l'a blessé peut le guérir ». Il n'acceptait pas les effets secondaires des médicaments en vigueur à l'époque. Plutôt que s'en tenir à une approche symptomatique, la médecine allopathique en quelque sorte, il eût l'intelligence d'une approche globale de l'individu et comprit qu'il était plus malin d'aider le corps à se guérir lui-même, à développer son immunité. C'était quasiment révolutionnaire à la fin du XVIIIe siècle.

C'est pourtant Hippocrate, (1er siècle avant J.-C.), père de la médecine, qui énonça le principe du traitement « du semblable par le sem-

---

53 Livres de François Couplan, Vianney Clavreul, etc.

54 Les télomères sont une partie de l'extrémité de l'ADN, un peu comme des capuchons

blable ». Ce qui provoque une maladie peut aussi la guérir, en aidant le corps à se défendre par ses propres moyens. Pour cela est requis une dose minimale, juste nécéssaire pour mettre le corps sur la voie de la guérison. Les symptômes les plus importants s'éliminent en premier et plus tard les symptômes les plus anciens. Il serait important après de continuer un traitement de fond pour éviter une récidive. Là est la grande force de l'homéopathie. On traite les causes des maux, pas seulement les conséquences. Dans notre arsenal allopathique indispensable, on a tendance à prolonger les traitements et cela endort la pathologie réelle. Mais le corps finit toujours par se venger d'une façon ou d'une autre. Les homéopathes traditionnels, ou unicistes, ne prescrivent qu'un seul remède, à haute dilution, qui permet au corps de stimuler son énergie et améliore l'état rapidement. Ce médecin est joignable facilement pour évaluer les réactions du corps et éventuellement proposer un autre remède. C'est du Grand Art. Tous les médecins homéopathes sont des chercheurs passionnés qui prennent toujours le temps d'analyser chaque patient.

En étudiant les propriétés de la quinine sur la malaria, Samuel Hahnemann ressentit sur lui les effets de la maladie, avec une forte fièvre. Alors il commença une série d'expérimentations sur lui-même et sur un petit groupe d'étudiants sains, en pleine forme. Il eût cette intuition géniale de tester des matières, des plantes, des minéraux ou même des matières humaines pour voir les réactions sur un corps sain. Ainsi il pût découvrir quels symptômes ces substances pouvaient guérir. C'est la pathogénésie.

Le docteur Didier Grandgeorge fonde dans les années 1980 l'école Hahnemanienne de Fréjus-Saint Raphaël et y développe avec ses étudiants et confrères toutes sortes de pathogénésies. Il raconte, par exemple, que Samuel Hahnemann décida de tester l'acide chlorhydrique, en dilution 30 CH[55]. C'est à dire qu'il n'existe plus de matière, seulement l'information vibratoire. Après trois jours, Samuel Hahnemann rêva de sa mère, décédée.

Deux siècles plus tard le docteur Grandgeorge, confronté à un bébé atteint de reflux gastriques mettant sa vie en danger, apprend que la maman pendant sa grossesse a été confrontée à la mort imminente de sa propre mère. Comme elle allaite son bébé, il lui donne du muriaticum acidum (de l'acide chlorhydrique). L'enfant guérit rapidement, sans être opéré. En général ce médicament est administré pour des problèmes dermatologiques, mais pas que.

Comment peut-on se passer d'une médecine qui a prouvé son efficacité depuis plus de deux siècles ? Le plus important en homéopathie est cette approche très individuelle de chaque patient et le diagnostic porté à un niveau de grand art.

Alors que de plus en plus de médecins s'aident d'un logiciel d'aide à la prescription, que devient leur pouvoir thérapeutique ? Il n'est pas étonnant que cette profession subisse un profond désamour.

Revenons à notre sujet de prédilection. L'homéopathie fonctionne principalement grâce au côté ondulatoire de la matière. L'information est transférée dans une molécule d'eau et comme le corps est composé de 70 % d'eau cette information passe dans tout le corps. Pour fabriquer un remède homéopathique on transfère le principe actif dans une solution eau plus alcool qui donne une teinture mère ou on effectue une trituration avec du lactose lorsque le principe actif n'est pas soluble. A ce stade commencent les étapes de dilutions qui consistent à mettre une goutte de teinture mère dans 99 gouttes d'alcool pour une dilution centésimale. Plus la dilution est élevée et plus le médicament agit profondément, d'une manière très subtile. A chaque étape de la dilution la préparation est dynamisée, agitée. Samuel Hahnemann

55 La dilution CH correspond au centésimal Hahnemann ; il y a aussi les dilutions Korsakoviennes de 30K à 100 000K

s'était rendu compte que lorsqu'il livrait ses médicaments lui-même, à dos de cheval ou d'âne, ils étaient plus efficaces car ils avaient été secoués pendant le trajet : malin, non ?

C'est ainsi qu'est né le principe de dynamisation.

Si l'on souhaite aller plus loin dans la compréhension de cette thérapie, il faudrait convoquer les signaux électromagnétiques. C'est encore Etienne Guillé qui explique l'importance des plantes dextrogyres, telle la belladone par exemple.

A propos de belladone, plante particulièrement prisée des sorcières qui est devenue un médicament homéopathique important : toujours notre héritage. Au moyen âge ne parlait-t-on pas de belle dame (belladona) pour désigner une sorcière ? Si l'on ingurgite des baies de belladone, nous aurons rapidement la gorge serrée, avec une difficulté à déglutir, de forts vomissements à la clef, et un délire, jusqu'au coma.

On suspectait les sorcières d'en enduire leurs balais ce qui provoquait des hallucinations. Il se dit même que les belles italiennes en fabriquaient des onguents qu'elles mettaient autour des yeux pour un regard hypnotique. A dose homéopathique ce remède soulagera les douleurs des règles accompagnées de douleurs fébriles, mais aussi de maux de gorge accompagnés d'une sensation de soif inextinguible.

Pour prendre un autre exemple, j'ai beaucoup aimé cette anecdote racontée par le docteur Claude Albert Quemoun, invité au Bangladesh il y a quelques années car l'eau était contaminée à l'arsenic et les gens mourraient « manu larga ». Il se souvient de scènes terribles où les familles étaient décimées. Il décida d'administrer au plus grand nombre de l'arsenicum album, en haute dilution. Le résultat fût extraordinaire.

Il existe de petits guides d'homéopathie à usage familial, pour soigner les maux du quotidien en étant certains d'éviter les effets secondaires. Evitons de déranger un médecin ou des services d'urgence pour de petits maux. Gardons les pour des pathologies sérieuses ou des accidents. C'est d'ailleurs dans cette optique que sont formés les médecins.

L'homéopathie fonctionne également sur les bébés, les animaux, ce qui exclue l'effet placebo, et cerise sur le gâteau cela coûte très peu d'argent à la sécurité sociale.

Pour conclure, les tenants de la fin du remboursement des médicaments homéopathiques devraient s'informer un peu mieux car il est acquis que les effets de l'homéopathie sont mesurables, dans leur efficacité, sur le comportement chromosomique. On peut même dire que c'est l'aspect cytologique de l'homéopathie qui conclut à son efficacité.

A propos de ce passage sur l'homéopathie, je ne peux conclure sans parler des vaccins. Parler des vaccins est tellement clivant. Les gens sont pour ou contre. Pourtant, un médecin Suisse, Jean Elmiger (1935-2018), a élaboré en 1975 l'homéopathie séquentielle. Il postule que l'énergie vitale déséquilibrée est source de pathologies chroniques ou aiguës.

Mais comment cette énergie vitale peut-elle être déséquilibrée ? Trois sources de déséquilibre selon lui.

Il faut d'abord remonter aux conditions de la naissance : accouchement par césarienne notamment. L'on sait effectivement que le bébé privé des massages des contractions et de la flore vaginale de la maman aura davantage de problèmes de santé. L'allaitement au sein renforce également l'immunité de l'enfant. La nature est bien faite.

Deuxièmement, il faut prendre en compte les effets de la sur-vaccination. C'est un acte contre nature que de vacciner des bébés dont le système immunitaire est immature. On s'accorde sur l'existence d'un système immunitaire à partir de deux ans.

Soit vous suivez les diktats du gouvernement, soit vous les contournez. Il faut se sentir fort pour résister, mais c'est une spécialité de sorcière.

L'idéal serait que le ministère de la santé offre à chaque nouveau-né une analyse de son typage HLA[56]. Petite digression importante pour comprendre la suite. J'ai du moi même m'accrocher.

Nous connaissons tous notre groupe sanguin, O, A, B,AB.

Il est déterminé par des protéines (molécules identitaires) à la surface

56 Human Leucocyte Antigens

des globules rouges. C'est acquis et cela ne se discute plus. En revanche, peu d'entre nous savent qu'il existe des protéines (ou molécules identitaires) sur les globules blancs ou leucocytes. On nomme typage HLA cette recherche de notre carte d'identité immunitaire. Cela a valu à son découvreur, Jean Dausset (1916-2009), le prix Nobel de médecine en 1970. Au départ, c'était surtout pour évaluer les compatibilités des donneurs et receveurs de greffes.

Lorsque l'on connaît son typage HLA, qui est en quelque sorte notre carte d'identité immunitaire, l'on peut prédire à quels agents infectieux et à quelles maladies nous pourront résister. Mais, également, cela nous dit à quels vaccins nous pouvons succomber.

Ces molécules HLA sont codées par des gènes propres à chaque individu. Le corps peut ainsi reconnaître et lutter contre toute molécule ennemie ou étrangère. C'est ce système qui contrôle l'immunité.

Dans une médecine préventive idéale, ce simple examen, assez coûteux, permettrait d'éviter de nombreuses souffrances.

Si vous suivez les sujets de santé sur Internet, vous lirez beaucoup de témoignages de parents désespérés de retrouver leur enfant autiste ou dans le pire des cas handicapé après une vaccination. Heureusement, d'autres s'en sortent bien. Mais il se peut que des dizaines d'années plus tard un grave problème de santé surgisse. Là réside l'intérêt de l'homéopathie séquentielle qui remonte par couches successives à la naissance et aux traumatismes dus aux vaccins.

Enfin, le troisième évènement marquant de l'anamnèse du patient est la suppression des exercices immunitaires naturels. Ultra vacciné, l'enfant ne pourra pas construire son système immunitaire. Or les maladies infantiles permettent à l'enfant de construire son immunité. Si nous empêchons ce système de se construire, par des vaccins ou des médicaments qui se substituent à l'immunité, alors nous créons des maladies aigües ou chroniques également. Voyez ce cercle vicieux, entretenu consciencieusement par la majorité, et le coût pour notre système de santé. Quelle approche intelligente et de bon sens que cette homéopathie séquentielle. Elle ne prend pas en compte, hélas, les pollutions de toutes sortes comme les amalgames dentaires, les géo-pathologies, les influences électromagnétiques, ni les traitements aux antibiotiques, qui pourraient bénéficier de traitements homéopathiques classiques.

C'est dans ce rapport très particulier du patient au thérapeute que réside le succès d'une telle méthode. Le médecin doit découvrir l'invisible du patient. C'est sa sensibilité et son expérience qui lui permettront de rassembler ce qui est épars dans l'histoire de son patient pour adapter au mieux le traitement. Toujours l'art du diagnostic, qui existe essentiellement chez les homéopathes mais aussi dans les médecines : chinoise, ayurvédique ou antroposophique.

Cette homéopathie séquentielle s'est révélée très efficace lors de maladies infectieuses récidivantes chez l'enfant, mais également lors de la maladie de hashimoto, du lupus érythémateux disséminé, de la fibromyalgie, de la spondylarthrite ankylosante, de l'autisme évolutif, de l'asthme… etc.

Pour bien comprendre l'approche du docteur Elmiger, il faut se référer à la loi de Héring qui s'énonce ainsi : « la maladie évolue toujours de la périphérie vers le centre, de l'extérieur vers l'intérieur, et la guérison procède en sens inverse, évacuant le mal de l'intérieur vers l'extérieur et du centre à la périphérie ». Cela veut dire que tout processus qui favorise l'intériorisation de la maladie entraîne une aggravation de celle-ci et inversement.

Lorsque l'on traite, par exemple, un eczéma avec une bonne crème à la cortisone, il peut se transformer à terme en asthme, et le psoriasis en rhumatisme.

Le docteur Elmiger prescrit ainsi la vaccination infantile après 6-8 mois, car avant les anticorps maternels protègent l'enfant. Il suggère également d'effectuer les vaccins séparément pour éviter un choc brutal de 3 ou 4 maladies simultanément. Il préconise une prise de nosode[57] vaccinal en 9CH, deux ou trois jours avant l'injection.

Enfin il alerte sur le drame du BCG, qu'il rebaptise « le mal français ». Je reprends ses termes assez virulents. « Le lancement du BCG est un modèle du gangstérisme économique, une gigantesque et malhonnête opération commerciale. Rien ne manque au scénario : un inventeur farfelu, des expériences de laboratoires truquées, un vernis pseudo scientifique, des statistiques tronquées, une publicité éhontée, l'appui acheté de mandarins et, suprême astuce, la gratuité du produit... financé par le contribuable. Apprenez ici une vérité terrible : chaque fois que vous entendez parler d'une affreuse mort d'enfant, terrassé dans les premières semaines de sa vie par une méningite virale, vous êtes en droit de suspecter le BCG, même si l'autopsie a confirmé le diagnostic viral. Pire que la mort, il y a l' IMC (Infirmité Motrice Cérébrale) ».

Le BCG n'est peut-être pas impliqué dans tous les cas d'IMC, mais beaucoup d'autres homéopathes constatent que les infirmes dont ils se sont occupés avaient reçu cette vaccination à la naissance.

Elmiger continue en précisant que « le BCG est le champion toutes catégories de la déstabilisation. Il asservit le système nerveux. Il domine la pathologie digestive et fait la fortune des ORL. Il tyrannise le système ostéo articulaire, maltraite la peau, fait flamber les allergies[58] et empoisonne le système uro-génital. Qui peut dire le nombre de rhumatisants artificiels rendus invalides par le BCG, la plus grande imposture médicale de tous les temps ? ».

Si le sujet vous intéresse, je vous renvoie à son livre « La médecine

57 Médicament homéopathique élaboré à partir d'une souche provenant de différents malades, hélas supprimé ; mais l'on peut atténuer les effets de la vaccination par une dose de Thuya en alternance avec une dose de Silicea en 9 CH, chaque semaine, y compris dans un biberon.

58 Le corps ne reconnaît pas les produits chimiques et il émet une inflammation ; si celle-ci s'étend on parle d'allergie

retrouvée », aux éditions Malouine – 1986. Depuis 2007 le BCG n'est plus obligatoire.

Hélas les bons praticiens en homéopathie séquentielle sont rares.

Pour être un peu plus précis sur le problème des vaccins, il faut évoquer la présence d'aluminium comme adjuvant. Le professeur Romain Ghérardi, neurologue à l'hôpital Henri Mondor de Créteil découvre, au hasard de ses recherches, que l'aluminium contenu dans les vaccins peut induire des effets secondaires graves et notamment une nouvelle maladie qu'il a baptisée myofasciite à macrophages. Malgré un CV impressionnant, il n'est pas tellement entendu, car trop disruptif. Dès que l'on s'en prend au dogme des vaccins, l'on devient suspect. Il a juste démontré la dangerosité des nanoparticules d'aluminium présentes dans certains vaccins qui pouvaient se retrouver dans les ganglions lymphatiques de drainage avant de rejoindre la circulation sanguine pour atteindre la rate et s'accumuler progressivement dans le cerveau. Le plus important à comprendre est que la gravité provient de l'accumulation. Un bébé dûment vacciné peut présenter une grave maladie 30 ans plus tard. L'accumulation de métaux lourds est probablement un frein à une santé durable. L'on trouve également des traces d'aluminium dans les cerveaux des patients atteints d'Alzheimer. Ne serait-ce pas une priorité de santé publique de se pencher sur ce problème ?

4. LES ONDES SCALAIRES

Cela fait un moment que je tourne autour de ces ondes scalaires, autrement dénommées 'ondes stationnaires'.

C'est bien sûr le grand génie Nikola Tesla qui en parle en premier. Il évoque des ondes très pénétrantes de bonne puissance, qui peuvent être détectées dans la bande de fréquence radio. Elles ont une forme spirale, comme l'ADN et les protéines. Elles nous bombardent à chaque instant : 60 milliards de particules par cm2 et par seconde. Elles traversent l'Univers dont elles forment le bruit de fond. C'est une lumière invisible qui vient du cosmos, un flux de neutrinos libérés par le soleil, les super novae, les étoiles rouges et les fameux trous noirs. Elles composent 85 % de la masse de l'univers. Rien ne les arrête, alors que les ondes électromagnétiques découvertes par Heinrich Hertz sont stoppées par une cage de Faraday.

Les ondes scalaires de forme spirale et longitudinale diffèrent des ondes électromagnétiques sinusoïdales et transversales. (ondes visibles et ondes radio).

Le professeur de physique allemand, Konstantin MEYL, reprend les travaux de Nikola Tesla et explique que ces neutrinos ont une charge électrique neutre. Très exactement, ils peuvent se dissocier en 1 électron et 1 positron et 1 ou plusieurs photons. En fait, ces neutrinos voyagent sous forme d'ondes scalaires, mais sans vecteur défini. Mais chaque ADN de cellule, chaque protéine en forme de spirale, chaque parcelle du vivant est un récepteur à ondes scalaires.

Lorsqu'un magnétiseur vous soulage de vos douleurs, c'est qu'il a juste compacté des ondes scalaires et qu'il les dirige sur un point douloureux de votre corps. Mais comme le magnétiseur peut parfois subir une baisse de forme, le professeur Konstantin Meyl a inventé une machine, en s'inspirant du type d'antenne créée par Nikola Tesla entre 1900 et 1940. C'est un petit générateur d'ondes longitudinales à double antenne qui concentre les ondes scalaires : le Scalar Wave Device. Il transmet de l'énergie et des informations à un patient par les ondes scalaires. Bien sûr, c'est vérifiable de façon optique ou acoustique. C'est aussi étonnant de constater que Georges Lakhovski, grâce à ses antennes construites avec des circuits de Tesla, envoyaient déjà des ondes scalaires de faible portée, sans le savoir réellement.

Le plus extraordinaire est la création d'énergie que cela implique. Il suffit d'envoyer quelques micro watts et le message porté sera amplifié jusqu'à son récepteur grâce aux ondes harmoniques de l'environnement. Cela pourrait être une définition de l'Energie Libre.

Cela dépasse notre propos actuel mais de nombreuses applications sont développées pour restaurer notre santé. Je pense au Spooky2 notamment, qui procède par un balayage de fréquences sur tout le corps. C'est surtout une méthode non invasive.

Grâce aux ondes électromagnétiques, le laser a permis de grandes avancées. Il s'agit dans ce cas d'une lumière ordonnée qui améliore la pénétration car les photons visuels ne traversent que quelques millimètres de peau.

Les ondes scalaires, elles, pénètrent facilement et apportent des informations aux tissus et aux organes en profondeur. Elles les inondent d'énergie utilisable en concentrant l'énergie pré-existante du champ ambiant.

Après la chimie, l'ère de la physique commence. Rien de plus scientifique que l'étude de la physique des ondes et des champs au sein du vivant. Ces ondes de la vitalité permettent une meilleure cicatrisation, ou une meilleure reconstruction cellulaire. Avec ce vecteur d'ondes scalaires, il suffit de charger une information, des extraits de tissus, des huiles essentielles, des remèdes homéopathiques pour soigner presque tout. Il faut juste les moduler au plus précis et au plus près des besoins des patients. Il y a quelques années, les meilleurs soins anti-âge étaient proposés en Suisse sous forme d'injections de cellules embryonnaires. Bientôt nous pourrons, grâce à l'appareil du professeur Meyl, prendre des graines germées ou des bourgeons pour informer nos cellules de cette stratégie de rajeunissement.

Aujourd'hui, les travaux du Professeur Luc Montagnier, prix Nobel de médecine en 2004, reprennent ceux de Jacques Benveniste sur la mémoire de l'eau. Je rappelle juste que Jacques Benveniste est décédé en 2004, à la suite de moqueries constantes sur ses recherches et ses découvertes. Après une publication dans la revue Nature sur la mémoire de l'eau et la révolution biologique que cela impliquait, une équipe de cette même revue est venue contrôler ses travaux, de la pire façon. Ce fût totalement biaisé, et il en est mort de chagrin.

Le professeur Luc Montagnier, entouré d'anciens collaborateurs de Jacques Benveniste, réussit des expériences de transduction.[59] Il prend un peu d'ADN d'un malade du SIDA, le dilue plusieurs fois dans l'eau, au moins neuf fois pour ne conserver que l'onde électromagnétique ou la signature vibratoire de cet ADN là. Puis il dynamise cette eau informée, selon les principes de l'homéopathie, et enregistre cette signature vibratoire. Il crée donc un fichier numérique qu'il envoie à l'autre bout du monde. Dans ce cas précis c'est à Benevento en Italie, où se trouve un excellent laboratoire de biologie moléculaire, et ce fichier numérique est à nouveau reconstitué dans de l'eau qui lui restitue sa mémoire. D'une part cela valide scientifiquement l'homéopathie, s'il en était besoin… et cela permet des implications médicales colossales. Il est possible que les résistances soient à la hauteur des espoirs. Imaginons un instant que l'on envoie au bout du monde une signature vibratoire d'une molécule d'un principe actif pour guérir un malade. Plus besoin de médicaments, puisque l'on pourra juste soigner par des fréquences d'ondes de ces molécules, et ce n'est plus de la sciences fiction. Les physiciens russes, déjà en contact avec Jacques Benveniste ont crée des fichiers , mis à la disposition de tous, avec l'encodage des principaux médicaments utilisés dans le monde.

59 Transfert d'une information génétique d'une cellule à une autre par l'intermédiaire d'un vecteur

Les GAFAM ne s'y sont pas trompés. Ils investissent massivement dans les polymères. Je vous signale un projet intéressant d'IBM RESEARCH. Nous avons évoqué plus haut les problèmes liés à l'antibiorésistance. Cela devient un fléau mondial. IBM met au point en ce moment une technologie qui pourrait tuer les méchantes bactéries, comme le staphylocoque doré par exemple, grâce à la technologie des semi-conducteurs. Autrement dit, on crée une chaîne de polymères[60] qui produit une charge électrostatique. Par exemple les polymères Ninja, que l'on introduit dans la circulation sanguine et qui s'assemblent en nanostructures biocompatibles. Ces ninjas arrivent sur les cellules infectées et peuvent tuer les bactéries une à une. Dès leur travail terminé, ces polymères se décomposent sans entraîner le moindre effet secondaire. D'ailleurs la firme étudie d'autres applications comme des produits anti bactériens nettoyants, ou autres anti-microbiens, qui pourraient se retrouver rapidement dans nos dentifrices ou autres bains de bouches, ou dans des emballages alimentaires. L'ensemble étant plutôt écologique et sans effets secondaires ni dommages pour l'environnement.

Même si la découverte de la physique quantique a plus d'un siècle, nous en sommes restés à l'approche corpusculaire de la cellule. Or nous savons qu'une cellule à l'échelle du micron est parfaitement appréhendée par la physique classique. Mais si l'on descend dans la cellule, nous passons à l'échelle du nanomètre et cela relève de la physique quantique. Ce n'est qu'une question d'échelle. A ce niveau-là, il n'y a pas de distinction entre l'onde et la matière. L'eau constitue 70 % de notre planète et 70 % de notre corps et transmet des informations électromagnétiques. Il semble donc logique d'en faire le socle d'une nouvelle approche médicale. Nous assistons maintenant à l'émergence de ce nouveau paradigme qui ne pourra être vécu qu'avec une bonne dose de créativité, pour appréhender un avenir riche de découvertes.

60 Molécule constituée d'une chaîne de molécules semblables et répétitives

POUR CONCLURE

J'ai fait un choix forcément subjectif de méthodes qui me paraissent intéressantes. Il y en a beaucoup d'autres. Celles-ci me semblent relever d'un bon sens qui parfois s'égare. Il me semble avoir compris que notre santé relevait souvent de notre niveau de conscience. C'est probablement le socle de notre structure humaine. Certains êtres ont un niveau de conscience plus élevé que d'autres et cela n'a rien à voir avec le niveau d'étude. Difficile de définir ce niveau de conscience. Une étude est en cours actuellement sur la conscience et l'action, révélatrice du lien entre être et agir en régénérant l'éco système de la planète[61].

Enfin, pour ouvrir sur l'avenir, je ne peux éviter de mentionner le fait qu'une médecine informationnelle se développe et pourrait être la médecine du prochain siècle. Certes l'homéopathie a également une composante informative. Mais les guérisseurs russes, sensibilisés depuis des siècles par les chamans de Sibérie, obtiennent des guérisons grâce aux forces naturelles, et de moins en moins par des molécules chimiques. En Sibérie, l'homme se doit d'être en harmonie avec la nature pour survivre dans des conditions extrêmes. C'est ce substrat qui guide ces guérisseurs extraordinaires : Grigori Grabovoi, Arcady Petrov, Sergej Kolzov, etc. Ils développent essentiellement des techniques de concentration mentale. Parfois basées sur des symboles géométriques, ou des suites de nombres dans le cas de Grabovoi. Ces chercheurs reconnus par les académies des sciences en Russie ont compris que nous n'étions pas qu'un corps physique. Nous sommes des êtres d'information. Notre corps bioénergétique permet au flux d'énergie de nous traverser en continu. C'est le point de départ des médecines holistiques telles l'acupuncture avec la circulation de l'énergie par les

61 Dominique Lussan, étude en cours de publication

méridiens ou la médecine ayurvédique et ses chakras qui correspondent aux points de passage de l'énergie subtile, lesquels sont reliés aux nadis.

Cette médecine informationnelle convoque un recours strict de l'esprit soutenu par notre capacité créatrice. Dès que l'on s'y plonge l'on comprend mieux les interactions qui s'opèrent entre nos semblables mais aussi les émotions et les informations qui pourraient former une sorte de trame dans l'Univers à laquelle nous pouvons nous raccorder à tout instant.

Grâce à un niveau de conscience plus élevé, nous pourrions plus facilement dépasser nos limitations quotidiennes qui entretiennent la maladie en nous projetant dans une dimension plus subtile.

Peut-être une clé de guérison…

BIBLIOGRAPHIE, pour aller plus loin...

René QUINTON le sérum de la vie, de Jean-Claude Rodet et Maxence Layet, éditions Courrier du livre.

Sur les traces de René QUINTON 1866-1925, de Jean-François Dray et Diana Quattrocchi-Woisson, éditions Fondation René Quinton Alicante /AGAMI

Prenez en main votre santé, tomes 1, 2, 3, de Michel Dogna, éditions Guy Trédaniel

Guide des remèdes de la nature, de Robert Lipowski, Jeanne Laffitte éditeur

La pratique de la cure Gerson et Kelley, de Michel Dogna, éditions Guy Trédaniel

Les intolérances alimentaires, de Jean Pierre Willem, éditions Guy Trédaniel

Ma bible des huiles essentielles, de Fabienne Festy, Leduc éditions

Médecine classique chinoise et aromathérapie vibratoire, de Brigitte Couffignal, Didier Debar et Dr Michel Arteil, éditions Chariots d'or.

MAP programme co-créatif d'assistance médicale, de Pérélandra Machaelle Small Wright, éditions Co-créatives

Le régime Shinya et tout se joue dans l'intestin, de Haromi Shinya, éditions Guy Trédaniel

L'effet Télomère, du Dr Elzabeth Blackburn et du Dr Ellissa-Epel, éditions Guy Trédaniel

Guérison naturelle des grandes maladies de notre civilisation, du Dr Thierry Schmidt

Le réveil de la conscience, de Jacqueline Bousquet et Sylvie Simon, éditions Guy Trédaniel

Cancer – un traitement simple et non toxique, de Laurent Schwartz, éditions Thierry Soccar et La fin des maladies: Une approche révolutionnaire de la médecine. Éditions Les Liens qui Libèrent.

Le bonheur s'apprend, la santé aussi, du Dr Gérard Leborgne, éditions Ductus

La ménopause et les médecines douces, du Dr Georges Crabbé et de Svetlana Crabbé, éditions Albin Michel

Prenez soin de vous et n'attendez pas que les autres le fassent, de Jean-Jacques Crèvecoeur, éditions Jouvence

Santé et spiritualité pour tous, de Paule Benichou, éditions Berangel

La guérison est possible, du Dr Hulda Clark, éditions Dr Clark Research Association

Le minéral est la vie – Pourquoi, de Philippe Perrot-Minnot, Ambre éditions

Les guérisseurs russes, de Petra Neumayer et Tom Peter Rietdorf, Macro éditions

L'énergie cosmique au service de la santé ou le secret des patriarches, de Marcel Violet, éditions LMV

Du cancer on peut guérir, du Père Romano Zago, éditions Adle Padova

Le grand dictionnaire des malaises et des maladies, de Jacques Martel, éditions Quintessence

Sorcières, la puissance invaincue des femmes, de Mona Chollet, éditions Zone

La sorcière au village, de Robert Muchembled, archives Gallimard, Juilliard

Ame de sorcière, de Aude Chabrillac, éditions Harmonie Solar

Dr André Gernez, Dr Tadeusz Nawrocki DVD Bim Bam Boum

Tous les DVD de Jean-Yves Bilien

Les newsletters du docteur Mercola, en anglais mais également en français

Last but not least, les conférences de l'Observatoire du Réel

TABLE DES MATIÈRES

IIe PARTIE

Mes remerciements à tous mes amis qui m'ont accompagnée pendant de longues années. Ils ont écouté avec politesse et parfois intérêt mes monologues passionnés qui accompagnaient mes découvertes. Certains ont même accepté d'être des cobayes. Merci à tous mes contributeurs : Martine Brière-Haenel, Alain Leroy, Alain Busnel, Marie-Catherine Besnier-Curto. Paule Bénichou et Jean Claude Epiphani pour leur relecture bienveillante et consciencieuse...et tous ceux qui se reconnaîtront.